중증장애인들이 세상에 전하는 이야기
What is Social Welfare for the Disabled

내 안의 빛을 꺼내어 쓰다
희망 그리고 또 다른 시작

김용철 김현우 윤정미 윤평실 황석우

ⓒ 이 책은 여주시 지원으로 제작 되었습니다.

What is Social Welfare for the Disabled

중증장애인들이 세상에 전하는 이야기

내 안의 빛을 꺼내어 쓰다

희망 그리고 또 다른 시작

발 행 일	2025년 11월 21일
지 은 이	김용필 김현우 윤정미 윤평실 황석우
기 획	서연하
편집디자인	서영희
발 행 처	나사랑출판사
출판사등록	제 570-2024000008호
주 소	경기도 여주시 세종로 145-28
대 표 전 화	010-9143-9693
홈 페 이 지	나사랑.kr
이 메 일	liz9693@naver.com
I S B N	979-11-995585-0-2

ⓒ 나사랑출판사 2025

본 책은 저작권자의 지적 재산으로서 무단 전재와 복제를 금합니다.

중증장애인들이 세상에 전하는 이야기
What is SocialWelfare for theDisabled

내 안의 빛을 꺼내어 쓰다

희망 그리고 또 다른 시작

김용철 김현우 윤정미 윤평실 황석우

나사랑

추천사

우리는 각자의 삶에서 크고 작은 파도와 마주합니다. 때로는 예기치 않은 한 줄기의 파도가 모든 일상의 결을 바꾸어 놓기도 하고, 말로 표현하기 어려운 고요한 고통이 오랜 시간 마음의 안쪽을 흔들기도 합니다.

그럴 때 사람은 흔히 침묵을 선택하지만, 침묵 속에서도 마음 깊은 곳에는 여전히 '말하고 싶은 이야기'가 존재합니다. 『내 안의 빛을 꺼내어 쓰다 - 희망, 그리고 또 다른 시작』은 그 침묵의 시간을 통과해 마침내 언어로 건져 올린 기록입니다.

이 책에 담긴 글들은 화려한 수사나 극적인 극복담을 앞세우지 않습니다. 오히려 삶을 진실하게 직시하고, 그 안에서 발견한 감정과 깨달음을 차분하고 성찰적인 시선으로 담아냅니다.

인생이 어느 순간 방향을 잃었다고 느껴질 때, 사람은 다시 일어서기 위한 이유를 스스로 찾아야 합니다. 그러나 그 이유가 항상 거창할 필요는 없습니다.

어떤 날에는 오래된 기억 속 한 사람의 따스한 손길이, 또 어떤 날에는 일상을 지탱하던 사소한 기쁨의 순간이, 한 사람의 삶을 다시 이어 붙이는 버팀목이 되기도 합니다.

이 책의 글들은 우리에게 바로 그 사실을 정제된 언어로 일깨워 줍니다. 상처를 고백하는 용기, 한때 잊고 지냈던 감정의 회복, 삶의 속도를 잠시 늦추고 자신을 들여다본 시간들, 그리고 다시 한번 살아보겠다는 조용한 다짐이 문장 사이사이에 잔잔한 울림으로 스며 있습니다.

무엇보다 이 책이 귀한 이유는, '삶을 기록하는 행위'를 통해 스스로에게 의미를 부여하고, 그 의미가 다시 독자에게 건네지는 선순환이 일어났다는 점에 있습니다.

글은 누군가에게는 회복의 통로였고, 누군가에게는 존재를 확인하는 증거였으며, 또 다른 누군가에게는 앞으로 나아갈 힘이 되어 주었습니다.

읽는 이 또한 이 책을 통해 자신의 삶을 비추어 보게 됩니다. 책 속에서 발견한 문장 하나가, 독자의 마음속 오래된 상처 옆에 가만히 놓이며, 때로는 위로가 되고, 때로는 사유의 문을 열어줄 것입니다.

우리는 모두 각자의 방식으로 삶을 견디고 살아갑니다.

그러나 이 책은 조용히 말합니다.

삶의 빛은 밖에서 찾아오는 것이 아니라, 스스로 꺼내어 쓰는 순간 비로소 자신의 것이 된다고. 그리고 그 빛이 비록 미약해 보일지라도, 누군가를 향해 건네는 마음이 되는 순간 더욱 견고해진다고.

부디 이 책이 독자 여러분께 자신의 내면에 숨겨진 빛을 다시 발견하는 시간이 되기를 바랍니다. 그 빛이 자신을 향한 위로에서 멈추지 않고, 또 다른 누군가에게 가닿는 따뜻한 조명이 되기를 진심으로 소망합니다.

마음을 글로 세상에 내어 준 모든 분들의 용기에 깊은 경의를 표합니다. 그 진심 어린 기록이 앞으로 더 많은 이야기를 깨우고, 또 다른 시작을 만들어 주리라 믿습니다.

2025년 11월 6일
여주시장 이충우

세상에는 말보다 깊은 침묵으로 세상을 움직이는 사람들이 있다. 『내 안의 빛을 꺼내어 쓰다 - 희망 그리고 또 다른 시작』에 담긴 중증장애인들의 이야기는 바로 그 조용한 울림의 증거다.

이 책은 단순한 고난의 기록이 아니라, 인간이 어떻게 자신을 경영하며 삶의 가치를 새롭게 만들어가는지를 보여주는 감동의 여정이다. 김용철, 김현우, 윤정미, 윤평실, 황석우 - 각기 다른 이 다섯 사람의 이야기는 모두 하나의 공통된 빛으로 수렴한다. 그것은 바로 '삶을 포기하지 않는 의지', 그리고 '다시 시작하려는 용기'이다.

이 책을 읽는다는 것은 단지 중증장애인의 삶을 들여다보는 일이 아니다. 그것은 인간이라는 존재가 가진 놀라운 회복력과 창조력을 다시 배우는 일이며, 우리 자신의 내면 속 '빛'을 경영하는 일이기도 하다.

세상에는 소리보다 깊은 울림으로 세상을 움직이는 이들이 있다. 이 책에 담긴 중증장애인들의 이야기는 바로 그러한 '조용한 감동의 언어'로 우리를 부른다. 이 책은 단순한 극복의 서사나 눈물의 기록이 아니다. 그것은 인간이 삶의 불확실성과 고통 속에서도 어떻게 자기 존재를 재정의하고, 의미를 재 창조하는가에 대한 철학적 탐구이며, 인간 본연의 존엄과 희망에 대한 인문학적 성찰의 기록이다.

이 책이 더 많은 독자들에게 닿아, 삶의 본질과 인간의 존엄을 다시 묻는 인문학적 사유의 계기가 되기를 바란다. 그리고 그 사유가 우리 모두의 마음속에서 '희망'이라는 또 다른 빛으로 피어나길 기대한다.

2025.11.6.
경기대학교 서비스경영전문대학원 겸임교수 김원재 올림

이 책을 읽으며 문득 이런 생각이 들었습니다.

"내가 만약 장애를 입었다면, 과연 나는 잘 견딜 수 있었을까?"

장애는 결코 남의 일이 아닙니다.

누구나, 언제든지, 어떤 이유로든 장애를 입을 수 있으며, 실제로 우리는 나이가 들수록 조금씩 '장애인'이 되어갑니다.

이 책은 단순히 '장애인의 이야기'에 머물지 않습니다. 몸의 한계를 어떻게 받아들이고, 그 한계를 어떻게 삶의 일부로 품고 살아갈 것인지에 대한 깊은 질문을 던지는 책입니다.

무엇보다도, 힘든 시간을 지나오고도 좌절 대신 웃음을 선택하며 자신의 삶을 환하게 밝혀나가는 다섯 분의 모습은 읽는 이의 마음을 따뜻하게 어루만져 줍니다.

쉽게 꺼내기 어려운 상처와 고통을 담담히 풀어내며 우리에게 용기를 건네준 그 진심에 진심 어린 박수를 보냅니다.

이 책은 장애를 겪고 있는 분들에게는 깊은 공감과 위로를, 장애를 겪지 않은 분들에게는 새로운 시선과 성찰을 건넵니다.

언젠가 우리 모두가 맞이할 수 있는 '몸의 변화'에 대해 미리 생각해보게 하는, 따뜻하면서도 단단한 안내서가 되어 줄 것입니다.

에스렌트카 (주) 대표이사
차놀자 협동조합 이사장.
전은태

나와 우리를 비추는 빛을 만나 밝음이 되었습니다

『내 안의 빛을 꺼내어 쓰다 — 희망 그리고 또 다른 시작』책을 통해 우리 서로를 비추는 빛이 만나 모두의 밝음이 되었습니다. 먼저 '빛'은 '나'라는 존재가 세상을 관찰하는 근거가 됩니다. 살아 있는 모든 존재를 인식할 수 있게 하는 힘이 됩니다.

이 책 속에 담긴 글들은 우리 소중한 이웃들의 시선을 정직하게 담고 있습니다. 그 분들의 마음에서 발현하는 빛을 만날 수 있음에 감사합니다. 나아가 '빛'은 누군가가 대상을 느끼게 하는 기반이 됩니다. 빛이 전해지는 곳에서 우리는 누군가의 존재를 발견하고 이야기를 만납니다. 책 속의 작품들이 보여주는 빛은 우리가 함께 이웃들의 삶을 이해할 수 있는 마음의 혜안을 열어줍니다. 그렇게 우리는 함께 밝아지고 있음을 느낍니다.

다양한 사회적 소수자의 인권에 관한 운동을 하고 연구를 하면서 느낀 점은, 다수와 소수의 완전한 경계는 없다는 점입니다. 우리 모두는 '각자' 빛나고 그래서 '함께' 밝은 존재입니다. 이 책의 독자 여러분께서 이 책을, 나의 삶과 또 다른 삶들이 모여 더 큰 빛을 함께 만들어가는 과정으로 이해해주시면 좋을 것 같습니다.

이 책에 담겨 있는 다양한 감정, 예컨대 그리움, 외로움, 기쁨, 슬픔, 뿌듯함, 즐거움 등의 감정은 우리 모두가 함께 느끼고 경험하는 감정입니다. 서로가 단절되고 서로의 마음에 공감하지 못하여 혐오가 커지는 '어둠'의 사회에서 이 책의 작가 분들께서는 말과 글로 다시 빛을 비추고 계십니다. 그 빛을 꼭 함께 느껴보시기 바랍니다.

사회 변화를 위한 현장에서 활동하는 사람으로서 이렇게 빛이 되는 이야기를 만나면 늘 감사합니다. 모두가 함께 살아가는 '공존'의 세상을 만드는 인문학의 역할을 더 깊이 생각하게 하며, 모두가 삶의 여러 상황에서 편안하게 살 수 있는 '사회권'이 강화된 국가에 대한 꿈도 더 크게 꿀 수 있도록 독려하는, 『내 안의 빛을 꺼내어 쓰다 — 희망 그리고 또 다른 시작』책을 함께 추천합니다. 이 책이 우리 이웃의 빛이 되고, 앞으로도 더욱 널리 퍼지는 커다란 밝음이 되기를 기대합니다.

— 백현빈 〈마을의 인문학〉 대표

기획의 글

세상 모든 사람의 마음속에는 저마다의 빛이 있습니다. 하지만 그 빛을 꺼내어 종이 위에 '글'로 써 내려가는 것, 특히 자신의 가장 깊은 이야기를 진솔하게 담아내는 것은 거대한 용기가 필요한 일입니다.

『내 안의 빛을 꺼내어 쓰다 — 희망 그리고 또 다른 시작』 제목 아래, 그 용기 있는 여정을 함께해 주신 다섯 분의 작가님들이 계십니다. 기획자로서 이분들의 글을 만나고, 한 권의 책으로 엮어내는 모든 순간은 저에게도 깊은 배움이자 치유의 과정이었습니다.

이 책은 '중증장애인들이 세상에 전하는 이야기'라는 부제처럼, 다섯 분의 삶이 고스란히 녹아 있습니다.

40년의 세월을 관통하는 '가슴에 맺힌 매듭' 같은 간절한 그리움과 글쓰기를 '유일하게 허락된 하소연'이라 말하는 고백 (김용철 작가님)
'12%의 생존' 확률을 넘어 삶과 장애의 '경계'에서 치열하게 자신을 찾아가는 기록 (김현우 작가님)
따뜻한 '엄마의 보따리'에서 풀려나오는 애틋하고 다정한 추억 (윤정미 작가님)
'마음 한쪽 햇살 하나'처럼 세상을 바라보는 섬세하고 따뜻한 시선 (윤평실 작가님)
"나, 휠체어 타고 여행 간다!!"는 유쾌하고도 당당한 선언과 실천 (황석우 작가님)

이 글들은 '장애'라는 하나의 단어로 결코 묶일 수 없는, 저마다의 고유한 빛깔을 지닌 한 사람 한 사람의 소중한 인생 이야기입니다. 다섯 분의 작가님들은 글쓰기라는 행위를 통해 스스로 증명하고, 세상과 연결되며, 마침내 독자들에게 '희망 그리고 또 다른 시작'의 가능성을 보여주고 있습니다.

이 책을 펼치는 독자 여러분께도 이분들의 빛이 고스란히 가닿기를 소망합니다. 이들의 이야기에 공감하고, 때론 함께 아파하며, 결국에는 따뜻한 위로와 '나도 할 수 있다' 는 용기를 발견하시길 바랍니다. 귀한 삶의 한 조각을 기꺼이 세상에 '꺼내어' 주신 김용철, 김현우, 윤정미, 윤평실, 황석우 작가님께 마음 깊이 존경과 감사를 표합니다.

이분들의 빛이 당신의 마음에 닿아, 당신의 빛 또한 더욱 밝게 빛나기를 응원합니다.

기획자 서연하

table of
contents

♥

가슴에 맺힌 매듭하나   김용철

그럼에도 이 글을 쓸 수밖에 없는 이유 18
멈춰버린 스물다섯의 밤 20
어둠 속에서 나타난 검은 물체 22
세 살 아이가 될 것이라던 6개월의 잠 24
낯선 몸으로 다시 시작된 삶 26
잊고 지냈던 '결혼'이라는 단어 28
한 해 두 해 쌓여만 가는 그리움 30
분초를 다투며 절실해진 마음 32
어불성설, 그러나 멈출 수 없는 갈망 34
천사 같은 여인을 그리는 부적절한 상상 36
아버지의 한마디 38
차라리 끝내고 싶었던 순간들 40
이루어질 수 없는 꿈에서 허우적대다 42
할아버지의 유산, '자상 맨'이 되고 싶은 마음 44
여동생의 고마운 위로, 동방예의지국의 아들 46
글쓰기, 유일하게 허락된 하소연 48
상상 속의 명화, 그녀를 그리다 50
과연 꿈을 이룰 날이 있을까 52

table of contents ♥

12%의 생존, 경계의 시작   김현우

장애라는 이름의 이중성 60
절망의 시간, 잃어버린 다리 66
세상 속으로 내딛는 첫걸음 77

엄마의 보따리   윤정미

엄마의 보약 88
5월 5일 어린이날 90
엄마의 회초리 94
엄마의 산고 98
엄마의 보따리 100
나의 첫 번째 선생님 102
엄마의 재봉틀 104
예쁜 송편 106
손톱물들이기 108

table of
contents

마음 한쪽, 햇살 하나　　　　윤평실

1장. 자연

마음 한쪽, 햇살 하나 116
풀잎처럼 117
풀잎의 마음 118
오디 열매 119
누에고치 120
단풍잎 121
코스모스 123
가을 느낌 124
작은 풀꽃의 미소 125
이팝꽃 피는 날 126
비가 오는 날 128
빗소리 129
풀피리 130
금계국 133

2장 사랑

비밀의 언덕 136
그네 137
우주여행 138
할머니의 몽당 손 139
운동회 날 140
연필 141
아가의 마음 142
아이스 크림 143
생강맛 144
엄마의 방 146
민화 우리그림 148
인생 150
아들 151
선물 153
뽕잎을 먹은 누에고치 154
뽀빠이와 별사탕 155
지금이 좋은 때다 156
꽃비 속을 걷던날 157
마음의 온도 158
가을이 깃든 오후 159

table of contents
♥

나, 휠체어 타고 여행 간다!!   황석우

그 여행!! 중증장애인도 즐길 수 있다. 166

"이런 곳은 처음이야!":
지방 여행에서 만난 현실적인 벽 171

당황스러운 순간, 어떻게 해!!:
예상치 못한 문제 발생 시 182

초보 장애인을 위한 최적의 이동 수단은?:
장단점 비교 187

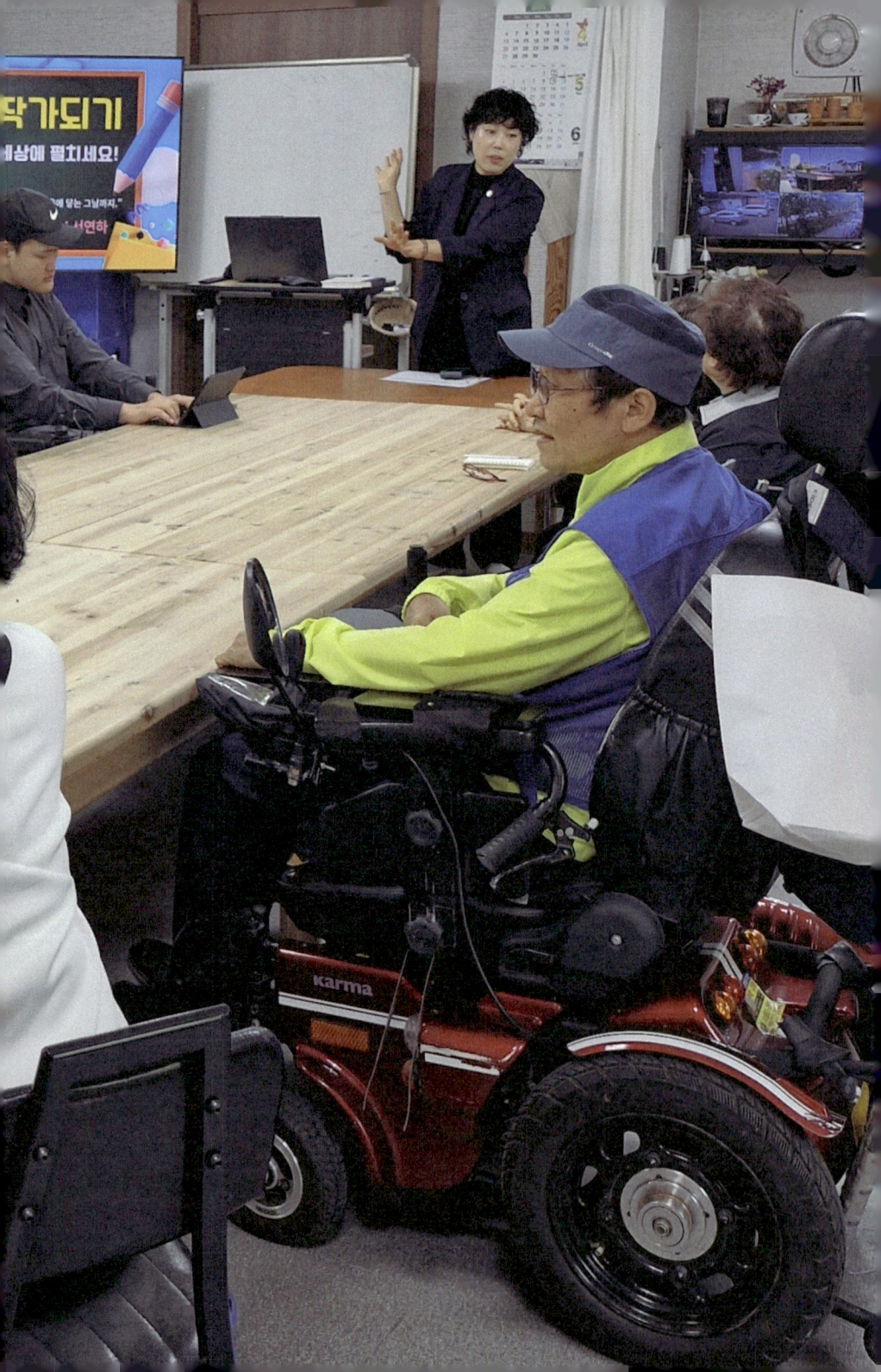

profile

김용철

〈가슴에 맺힌 매듭하나〉

지은이 소개

여기, 멈춰버린 스물다섯의 시간 속을 40년간 홀로 걸어온 한 사람이 있습니다. 그는 예고 없이 찾아온 사고로 평범했던 청춘의 길목에서 벗어나, 긴 침묵의 세월을 온몸으로 살아내야 했습니다. 이 책 『끝나지 않는 노래, 나의 넋두리』는 그 길고 외로웠던 시간에 대한 최초의 고백이자 마지막 하소연입니다.

작가는 화려한 문장이나 꾸며낸 이야기 대신, 평생 가슴속에만 묻어두었던 날것 그대로의 마음을 꺼내 보입니다. 누군가에게는 당연한 일상인 '함께'라는 꿈이 한 사람에게는 얼마나 절실한 염원이 될 수 있는지, 그의 글은 낮은 목소리로 담담하게 증언합니다. 이 책은 한(恨)에 대한 기록이 아니라, 그럼에도 불구하고 살아남은 한 인간의 존엄함과 그리움에 대한 이야기입니다.

글을 쓰는 내내 그는 자신의 가장 깊은 고독과 마주했고, 이름 없던 슬픔에 이름을 붙여주었습니다. 그리고 마침내, 끝나지 않을 것 같던 노래의 마지막 소절을 완성했습니다. 이제 그의 시간은 딱딱하게 굳어버린 화석이 아닌, 비로소 다시 흐르기 시작하는 강물이 되었습니다. 여전히 길 위에서 꿈을 찾는 작가는, 이 글이 세상과 자신을 이어주는 유일한 끈이라 믿으며 오늘도 조용히 다음 문장을 써내려갑니다.

프롤로그

창밖으로 사계절이 흐릅니다. 봄이 오면 꽃이 피고, 여름이면 녹음이 짙어지고, 가을에는 낙엽이 지고, 겨울에는 흰 눈이 쌓입니다. 세상은 그렇게 당연한 순리대로 흘러가는데, 나의 시간은 늘 제자리에 멈춰 있는 것만 같습니다. 예순의 나이가 되었지만, 내 마음의 시계는 여전히 스물다섯, 그 캄캄했던 밤에 멈춰 서 있습니다.

이 글은 어쩌면, 멈춰버린 내 시간을 다시 흐르게 하려는 마지막 발버둥인지도 모릅니다. 40년 가까운 세월 동안 가슴속에만 담아두었던, 그러나 단 한 순간도 잊을 수 없었던 단 하나의 소망에 대한 이야기입니다. 누군가에게는 너무나 당연해서 꿈이라고 부를 수도 없는 것, 저에게는 평생을 바쳐도 가닿을 수 없었던 신기루 같은 그것에 대한 기록입니다.

저는 이 넋두리가 어디로 흘러갈지 알지 못합니다. 그저 꾹꾹 눌러쓴 글자들이 모여 희미한 길 하나를 내주기를 바랄 뿐입니다. 길의 끝에 무엇이 있을지는 중요하지 않습니다. 그저 길을 찾는 이 고독한 여정 자체에 작은 의미라도 있기를. 그리하여 이 노래가 끝나는 날, 제 멈춰버린 시간도 비로소 다시 흐를 수 있기를 간절히 소망합니다.

그럼에도 이 글을 쓸 수밖에 없는 이유

어느덧 예순이라는 나이가 되었습니다. 반평생보다 긴 시간을 홀로 살아낸 지금, 저는 왜 펜을 들었을까요. 이것은 성공한 이의 회고록도, 지혜로운 이의 잠언도 아닙니다. 그저 한 번도 온전히 꿈꿔보지 못했던 것을 평생 갈망하며 살아온 한 남자의 넋두리입니다.

누군가는 제 글을 읽고 얼마나 절실하면 이럴까, 혀를 찰지도 모릅니다. 또 어떤 분은 가만히 고개를 끄덕이며 이해해 주실지도 모르겠습니다.

괜찮습니다.

저는 그저 이 글을 통해 저 자신에게 작은 위안을 건네고 싶을 뿐입니다. 평생 남을 해하며 살지 않았으니, 이렇게 하소연하는 것쯤은 용서받을 수 있지 않을까요.

이것이 제가 세상과 교류하는 유일한 방법이자, 스스로를 향한 마지막 하소연입니다. 켜켜이 쌓인 세월의 먼지를 털어내고, 굳어버린 마음의 응어리를 풀어내는 이 글쓰기가 저에게는 유일한 구원입니다.

부디 이 절박한 독백에 잠시만 귀 기울여 주시길 바랄 뿐입니다.

멈춰버린 스물다섯의 밤

사고 이전의 삶을 떠올리면 모든 것이 꿈만 같습니다. 남부럽지 않은 환경에서 공부했고, 세상은 온통 가능성으로 가득 차 보였습니다. 젊음은 그 자체로 빛났고, 제 발밑에는 탄탄대로가 펼쳐져 있는 듯했습니다. 모든 것이 고요했습니다. 곧 불어닥칠 거대한 폭풍을 알지 못한 채, 저는 그저 평온한 세상의 중심에 서 있었습니다.

그 평온함 속에는 풋풋한 설렘도 있었습니다. 제 곁에는 미래를 약속하진 않았어도 함께 웃고 이야기 나누던 애인이 있었습니다. 그 시절의 저는 결혼에 대해 깊이 생각하지 않았습니다. 언젠가는 자연스럽게 하게 될 삶의 한 과정이라 여겼을 뿐, 그것이 제 인생의 전부를 뒤흔들 간절한 소망이 될 줄은 꿈에도 몰랐습니다.

돌이켜보면 그 모든 평온함이 거대한 비극을 위한 복선이었을까요. 잔잔한 수면 아래 무엇이 도사리고 있는지도 모른 채, 저는 마냥 행복했습니다. 인생의 가장 높은 곳에서 가장 낮은 곳으로 곤두박질치는 데는 그리 오랜 시간이 걸리지 않는다는 사실을, 그때의 저는 알지 못했습니다.

어둠 속에서 나타난 검은 물체

운전을 배운 것은 성인이 되어 마주한 새로운 세상으로의 문이었습니다. 자유롭게 어디든 갈 수 있다는 사실은 젊은 저에게 날개를 달아주었습니다. 하지만 그 문이 나락으로 통하는 입구가 될 줄은, 그 누구도 몰랐습니다. 그날도 여느 때처럼 운전대를 잡았습니다. 자정이 다 된 시각, 칠흑 같은 어둠이 도로를 삼키고 있었습니다.

목적지에 거의 다다랐다는 안도감이 온몸을 감쌀 때였습니다. 본 도로 우측, 임시로 연결된 도로에서 거대한 검은 물체가 괴물처럼 튀어나왔습니다. 피해야 한다는 생각보다 먼저 온몸이 굳었습니다.

시간은 찰나였지만 제게는 영원처럼 느껴졌습니다. 짧은 순간, 제 삶이 송두리째 무너져 내리는 소리가 들리는 듯했습니다.

굉음과 함께 세상의 모든 빛이 꺼졌습니다. 짧은 생의 기억들이 주마등처럼 스쳐 갈 틈도 없었습니다. 스물다섯의 저는 그렇게, 예고도 없이 찾아온 어둠 속에 갇히고 말았습니다.

그 순간은 제 인생을 '사고 이전'과 '사고 이후'로 나누는 잔인한 경계선이 되었습니다.

세 살 아이가 될 것이라던 6개월의 잠

제가 다시 눈을 떴을 때, 세상은 6개월이나 흘러가 있었습니다. 의식을 잃고 잠들어 있던 시간 동안, 의사들은 가망이 없다고 말했답니다. 뇌 손상이 너무 심해 수술조차 불가능하며, 설령 기적적으로 깨어난다 해도 지능이 세 살 아이 수준에 머물 것이라는 절망적인 선고가 내려졌습니다. 가족들은 삶과 죽음의 경계에 서 있는 저를 보며 매일 같이 피눈물을 흘렸습니다.

그 절망적인 선고를 홀로 감당하셨을 어머니의
시간은 어떠했을까요. 제가 6개월의 긴 잠을 자는
동안, 어머니는 수만 번의 밤을 지새우며 꺼져가
는 아들의 생명을 붙들고 계셨습니다. 희망이
보이지 않는 어둠 속에서도, 어머니는 단 한순간
도 저를 포기하지 않으셨습니다. 어머니의 기도가
저를 감싸는 유일한 보호막이었습니다.

마침내 제가 간호사의 주삿바늘에 희미한 통증을
느끼며 의식을 되찾았을 때, 그것은
저 혼자만의 기적이 아니었습니다.
그것은 아들을 향한 어머니의
지독한 사랑이 만들어낸
기적이었습니다.
긴 잠에서 깨어난 제 눈에 비친
세상은, 어머니의 피눈물이
만들어낸 두 번째 세상이었습니다.

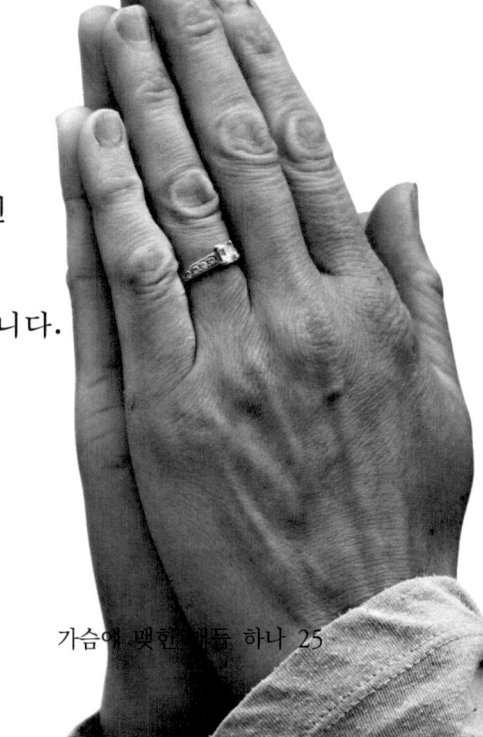

낯선 몸으로 다시 시작된 삶

　퇴원은 갑작스러웠습니다. 물리치료로 어느 정도 몸을 움직일 수 있게 되자, 주치의는 더 이상 병원에 있을 이유가 없다는 듯 퇴원을 권했습니다. 아직 모든 것이 혼란스럽고 두려웠지만, 사고의 여파였을까요, 저는 아무런 항의도 하지 못한 채 낯선 몸을 이끌고 병원 문을 나서야 했습니다.

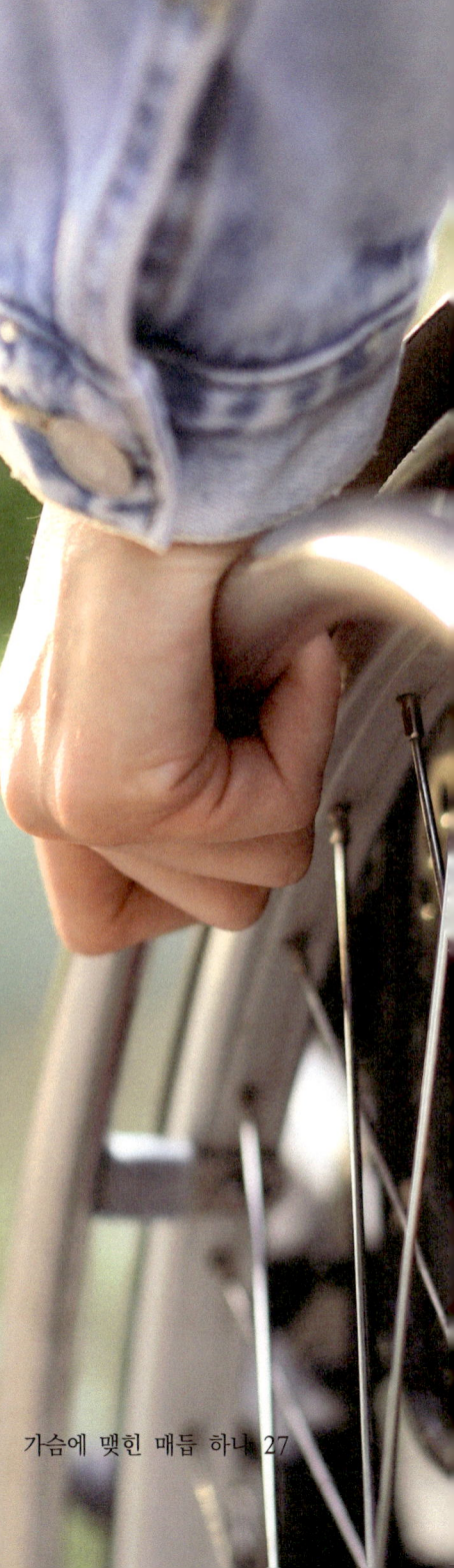

 세상은 6개월 전과 조금도 달라지지 않았지만, 저는 더 이상 예전의 제가 아니었습니다. 휠체어에 의지해야 하는 몸, 군데군데 끊어진 기억의 필름, 마음대로 움직여주지 않는 왼손. 거울 속에 비친 제 모습은 익숙하면서도 낯설었습니다. 마치 다른 사람의 몸에 제 영혼이 갇혀버린 듯한 이질감이 저를 옭아맸습니다.

 모든 것이 낯선 채로, 그렇게 저의 두 번째 삶은 시작되었습니다. 그러나 그것은 축복받은 재탄생이 아니었습니다.
 평생 짊어지고 가야 할 무거운 짐을 확인하고, 그 무게에 짓눌려 살아가는 형벌의 시작에 가까웠습니다.

잊고 지냈던 '결혼'이라는 단어

사고 직후 몇 년간, 제 마음은 텅 비어 있었습니다. 마치 깊은 겨울잠에 빠진 짐승처럼, 생존을 위한 최소한의 감각만을 남겨둔 채 모든 욕망을 스스로 거세했습니다. 다친 뇌 때문인지, 아니면 제 처지를 너무 일찍 받아들인 탓인지, 결혼이나 이성에 관한 생각은 먼지 한 톨만큼도 떠오르지 않았습니다.

장애가 있는 내가 누군가를 사랑하고 가정을 꾸린다는 것은 불가능한 일이라 단정했습니다. 그것은 다른 세상 사람들의 이야기일 뿐, 내게는 허락되지 않은 사치라고 생각했습니다. 애써 외면하고 부정하는 사이, 그 마음은 제 안에서 딱딱하게 굳어버렸습니다.

그렇게 '결혼'이라는 단어는 제 인생의 사전에서 지워진 듯했습니다. 아름다운 노을을 봐도, 감미로운 음악을 들어도 아무런 감흥이 없었습니다. 마음의 한 부분이 마비되어 버린 사람처럼, 저는 그저 숨만 쉬며 살아갈 뿐이었습니다.

한 해 두 해 쌓여만 가는 그리움

인간의 마음이란 참으로 간사합니다. 몸이 조금씩 안정을 찾고, 정신이 현실을 또렷하게 인식하기 시작하자 잊었던 감정들이 스멀스멀 피어올랐습니다. 억지로 눌러두었던 본능이, 인간이라면 누구나 갖는 당연한 외로움이 저를 흔들기 시작했습니다.

나이 탓이었을까요. 길을 걷는 다정한 연인들, 아이의 손을 잡고 가는 부부의 모습이 자꾸만 눈에 밟혔습니다. 예전에는 무심코 지나쳤을 평범한 풍경들이, 이제는 날카로운 비수가 되어 제 가슴을 찔렀습니다. 처음에는 그저 부러움이었습니다. 하지만 그 마음은 한 해 두 해 지나며 그리움이 되었고, 이내 간절한 열망으로 자라났습니다.

그 열망은 걷잡을 수 없이 커져만 갔습니다. 잠자리에 누우면 텅 빈 옆자리가 서러웠고, 맛있는 음식을 먹으면 함께 나눌 사람이 없어 쓸쓸했습니다. 저는 비로소 깨달았습니다. 제가 지워버렸다고 생각했던 그 감정은 사라진 것이 아니라, 마음 가장 깊은곳에 웅크리고 있었을 뿐이라는 것을요.

분초를 다투며 절실해진 마음

 마흔이 되고, 쉰이 되고, 예순을 넘어서자, 마음은 더욱 조급해졌습니다. 청춘은 이미 흔적도 없이 사라졌고, 거울 속에는 낯선 노인이 서 있었습니다. 이제는 정말 시간이 없다는 생각에, 분초를 다투며 장가 가고 싶다는 마음이 온몸을 지배합니다. 하루라도 빨리, 단 하루만이라도 누군가의 남편으로 살아 보고 싶습니다.

제가 바라는 것은 거창한 행복이 아닙니다. 그저 누군가와 함께 아침을 맞고, 온기가 있는 저녁 식탁에 마주 앉고 싶습니다. 내 편이 되어줄 단 한 사람, 세상의 모든 풍파를 함께 막아줄 아내가 있었으면 좋겠습니다. 지치고 힘든 날, 말없이 등을 토닥여 줄 온기를 느끼고 싶습니다.

제발 어느 여인이든 내게 다가와 주기를, 기적처럼 내 손잡아주기를 바라는 마음이 사무칩니다. 밤마다 허공에 대고 기도합니다. 신이 있다면, 제발 저의 이 마지막 소원을 외면하지 말아 달라고, 이 가엾은 인생에도 한 번의 기회를 달라고 애원합니다.

어불성설, 그러나 멈출 수 없는 갈망

머리로는 압니다. 휠체어를 탄 예순의 장애인. 가진 것도 내세울 것도 없는 이런 나를 위해 자신의 인생을 희생할 여인은 세상에 없을 것입니다. 결혼을 꿈꾸는 것 자체가 어불성설이며, 분수에 맞지 않는 무리한 욕심이라는 것을 누구보다 잘 압니다.

    하지만 이성과 논리로는 도저히 제어할 수 없는 것이 사람의 마음입니다. 불가능하다는 것을 알면서도 갈망은 멈추지 않습니다. '안 될 거야'라고 타이르는 이성의 목소리와 '그래도 혹시나' 하고 속삭이는 감성의 목소리가 제 안에서 매일 같이 싸웁니다. 이 지독한 내적 갈등은 저를 더욱 지치게 만듭니다.

    결국 저는 이 모순된 마음속에서 매일 같이 허우적댑니다. 희망이라는 지푸라기라도 잡고 싶지만, 현실이라는 거대한 늪은 저를 놓아주지 않습니다. 이룰 수 없는 꿈을 꾸는 형벌, 이것이 제가 받은 벌일지도 모르겠습니다.

천사 같은 여인을 그리는 부적절한 상상

때때로 저는 부적절한 상상에 빠지곤 합니다. 어딘가에 천사 같은 마음을 가진 여인이 있어, 저의 모든 것을 이해하고 곁에 와주지 않을까 하는 헛된 기대입니다. 그것은 고통스러운 현실을 잠시나마 잊게 해 주는 유일한 마취제와 같습니다.

그 상상 속에서 그녀는 누구보다 아름답고, 미소는 햇살처럼 따스합니다. 그녀는 제 휠체어를 부끄러워하지 않고, 제 어눌한 말을 인내심 있게 들어줍니다. 우리는 함께 산책하고, 영화를 보고, 소소한 일상을 나눕니다.

상상 속에서 저는 더 이상 외로운 장애인이 아닌, 사랑받는 한 명의 남자입니다.

하지만 상상에서 깨어나는 순간, 현실의 비참함은 더욱 깊은 상처로 다가옵니다. 달콤한 꿈에서 깨어났을 때의 공허함, 차가운 방 안을 가득 채운 정적은 저를 더욱 깊은 절망의 나락으로 밀어 넣습니다. 이 상상은 저에게 위안인 동시에 독입니다.

아버지의 한마디

"내 대는 여기서 끝나겠다."

오래전, 아버지께서 무심코 한마디를 던지셨습니다. 아들의 처참한 현실과 가문의 미래에 대한 체념이 담긴 그 한마디에, 저는 아무런 대답도 하지 못했습니다. 차마 고개를 들 수 없었고, 애써 담담한 척했지만, 심장은 얼음장처럼 차갑게 식어 갔습니다.

시간이 흘러 그 말씀을 다시 떠올릴 때마다 가슴에 돌덩이가 내려앉는 듯합니다.

　아버지의 한탄이 현실이 되어가고 있다는 안타까움, 불효하고 있다는 죄책감이 저를 짓누릅니다. 당신의 아들이 평범한 가정을 꾸리고 사는 모습을 보여드리지 못하는 것이, 제 인생 가장 큰 한 중 하나입니다.

　아버지의 그 한마디는 제게 지울 수 없는 낙인이 되었습니다. 그것은 제가 결혼할 수 없다는 현실을 가장 아프게 확인시켜 주는 말이자, 저의 존재 가치 자체를 부정하는 것처럼 느껴집니다. 저는 아버지의 대를 잇지 못하는, 쓸모없는 아들일 뿐입니다.

차라리 끝내고 싶었던 순간들

솔직히 모든 것을 끝내고 싶었던 순간도 있었습니다. 이룰 수 없는 꿈을 갈망하며 괴로워하느니, 차라리 모든 고통을 멈추고 싶었습니다. 매일 밤 잠드는 것이 두려웠습니다. 내일 아침 눈을 뜨면 또다시 똑같은 절망과 마주해야 한다는 사실이 끔찍했습니다.

하지만 이런 몸뚱어리일지라도, 물려주신 부모님보다 먼저 이 생을 저버리는 것은 도리가 아니라고 생각했습니다. 저 때문에 평생을 고통 속에서 사신 부모님의 가슴에 마지막 대못을 박을 수는 없었습니다. 차마 죽지 못해 살아가는 날들이 계속되었습니다.

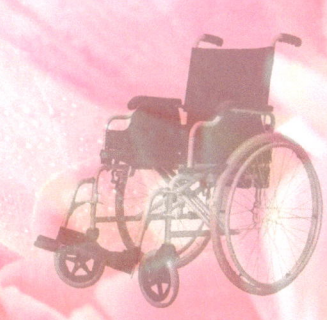

그러나 그 순간에도, 죽음을 생각하는 그 찰나에도 '장가 가고 싶다'라는 마음은 사라지지 않으니, 이 얼마나 지독한 괴로움입니까. 삶의 의지를 놓아버리려는 순간조차 저를 붙드는 이 갈망은, 어쩌면 제 생명 그 자체보다 더 질긴 것인지도 모르겠습니다.

이루어질 수 없는 꿈에서 허우적대다

저의 삶은 희망과 절망이 끝없이 반복되는 쳇바퀴와 같습니다.

'혹시나' 하는 희망을 품었다가, '역시나' 하는 절망에 빠지기를 수없이 반복합니다. 작은 친절에도 의미를 부여하며 기대했다가, 이내 그것이 아무것도 아니었음을 깨닫고 무너져 내립니다.

결혼이라는 꿈은 저를 살게 하는 이유이면서 동시에 저를 가장 깊은 고통으로 몰아넣는 족쇄입니다. 그것이 없다면 살아갈 이유도 없겠지만, 그것 때문에 살아가는 매 순간이 고통입니다. 이 아이러니한 운명의 굴레 속에서 저는 이러지도 저러지도 못한 채 갇혀 있습니다.

저는 이 쳇바퀴 위에서 과연 벗어날 수 있을까요. 아니, 벗어나고 싶기는 한 걸까요. 어쩌면 저는 이 고통스러운 꿈속에서 영원히 허우적대다 생을 마감하게 될지도 모릅니다.

할아버지의 유산, '자상 맨'이 되고 싶은 마음

만약, 아주 만약에 기적처럼 어떤 여인을 만나게 된다면, 저는 세상 누구보다 우월한 자상함을 베풀고 싶습니다. 비록 제 몸은 불편하지만, 누군가를 아끼고 사랑할 마음만은 누구보다 건강하게 살아있습니다. 이것은 돌아가신 할아버지 덕분에 갖게 된 마음입니다.

할아버지는 언제나 상대를 존중하고 세심하게 마음을 살피라고 가르치셨습니다. 사람이라면 누구나 귀한 존재이며, 그 마음을 얻기 위해서는 먼저 내 마음을 다해야 한다고 말씀하셨습니다. 할아버지의 가르침은 제 삶의 가장 큰 유산이자, 제가 가진 유일한 자신감입니다.

일명 '자상 맨'이 되어 그녀와 함께 웃으며 행복을 누리고 싶습니다. 제가 가진 모든 따뜻함을 오직 한 사람을 위해 쏟아붓고 싶습니다. 비록 많은 것을 해 줄 수는 없겠지만, 마음만큼은 세상에서 가장 큰 부자가 되어 그녀를 행복하게 해 주고 싶습니다.

여동생의 고마운 위로, 동방예의지국의 아들

어느 날 출가한 여동생이 조심스럽게 제게 성적 욕구에 대해 물어왔습니다. 차마 입에 담기 힘든 주제였지만, 오빠의 고통을 헤아리는 동생의 마음이 너무나 고마웠습니다. 가족 중 누구도 먼저 꺼내지 못했던, 저의 가장 근원적인 외로움을 알아준 유일한 사람이었습니다.

동생은 자신이 해결해 줄 수 있는 부분을 언급하며 저를 위로했습니다. 그 말에 눈물이 핑 돌았습니다. 하지만 동방예의지국에서 나고 자란 저는 차마 그럴 수 없었습니다. 그저 고맙다는 말밖에 할 수 없는 저 자신이 한없이 초라하게 느껴졌습니다.

　말할 수 없는 고통이란 바로 이런 것이겠지요. 인간으로서 당연한 욕구마저도 죄스러운 것이 되어버린 현실, 가장 가까운 가족의 도움조차 받을 수 없는 이 처지가 저를 더욱 비참하게 만듭니다. 이 문제는 평생 제가 안고 가야 할 또 하나의 십자가입니다.

글쓰기, 유일하게 허락된 하소연

이런 제 마음을 어디에 털어놓을 수 있을까요. 친구도, 애인도 없는 저에게는 마음 놓고 이야기할 상대가 없습니다. 그래서 저는 글을 씁니다. 온전치 못한 기억력 탓에, 혹은 뇌를 다친 여파로 뜻하지 않은 단어를 사용하거나 실수할지도 모릅니다.

하지만, 이 장르에 접어들면, 억눌렸던 감정들이 자동으로 떠올라 저를 이끌어줍니다. 글을 쓰는 순간만큼은 누구의 눈치도 보지 않고 솔직해질 수 있습니다. 마음속에만 담아두었던 넋두리를 종이 위에 쏟아내고 나면, 잠시나마 숨통이 트이는 기분이 듭니다.

이것이 제가 세상에 말을 거는 유일한 방법입니다. 비록 일방적인 외침일지라도, 누군가 이 글을 읽고 제 존재를 알아주기만 한다면 그것으로 충분합니다. 이 글은 세상과 저를 이어주는 가느다란 마지막 끈입니다.

상상 속의 명화, 그녀를 그리다

저는 왼손잡이가 되었지만, 마음속으로는 늘 한 폭의 명화를 그립니다. 상상 속에서 한 여인을 그리고, 그녀에게 세상에서 가장 아름다운 미소를 선물합니다. 그녀의 머리카락 색깔, 눈동자의 깊이, 웃을 때 휘어지는 눈꼬리까지 세심하게 그려냅니다.

현실의 저는 유명 화가처럼 획기적인 그림을 그릴 수 없겠지만, 마음으로 그리는 그녀만큼은 세상 그 어떤 명화보다 아름답습니다. 그 그림은 저의 희망이자 꿈이며, 고독한 삶을 버티게 해 주는 힘입니다. 상상 속에서나마 그녀와 함께할 수 있기에, 저는 오늘 하루를 또 살아낼 수 있습니다.

　언젠가 현실에서 그 그림을 완성해 보고 싶다는 헛된 꿈을 오늘도 꾸어 봅니다. 내 상상 속의 그녀가 캔버스 밖으로 걸어 나와, 내 앞에 서 주는 기적이 일어나기를 비록 이루어질 수 없을지라도, 이 꿈마저 없다면 저는 이미 오래전에 무너졌을 것입니다.

과연 꿈을 이룰 날이 있을까

　꾸준한 운동 덕분인지 백 살까지는 거뜬히 살 수 있을 것 같습니다. 하지만 앞으로 남은 사십 년의 세월도 지금처럼 홀로 보내야 한다면, 그것은 축복일까요, 형벌일까요. 긴 시간은 때로 희망의 다른 이름이지만, 저에게는 절망의 연장선처럼 느껴지기도 합니다.

교류하는 여인 하나 없는 저에게 결혼은 사치일지도 모릅니다. 하지만 한 명의 인격체로서, 타인처럼 평범하고 원활한 생활을 단 한 번이라도 누려보고 싶습니다. 특별한 사람이 되기를 바라는 것이 아닙니다. 그저 다른 이들처럼 평범한 삶의 기쁨을 느끼고 싶을 뿐입니다.

이 글을 쓰는 순간에도, 이성이 그립고 장가 가고 싶은 마음은 심장을 파고듭니다. 그렇게 항상 결혼이 그리운 나는, 과연 꿈을 이룰 날이 있을까요. 이 끝나지 않는 노래는 언제쯤 멈출 수 있을까요. 그 답을 알 수 없기에, 저는 오늘도 글을 쓰며 길 없는 길을 찾아 헤맬 뿐입니다.

에필로그

길고 길었던 노래가 끝났습니다. 40년간 가슴속에서만 되뇌던 넋두리를 세상에 모두 쏟아냈습니다. 빼곡히 채워진 글자들을 물끄러미 바라봅니다. 여전히 창밖의 계절은 무심하게 흐르고, 기적처럼 누군가 제 방문을 두드리는 일도 일어나지 않았습니다. 세상은 조금도 변하지 않았습니다.

하지만 분명 무언가는 변했습니다. 세상이 아닌, 바로 제 자신이 변했습니다. 가슴을 짓누르던 커다란 돌덩이가 조금은 가벼워진 기분입니다. 글을 쓰며 저는 제 고독과 정면으로 마주했고, 이름 없던 슬픔에 이름을 붙여주었습니다. 평생의 한(恨)을 글로 풀어내는 동안, 이 글들은 제 삶의 유일한 증인이자 가장 가까운 친구가 되어주었습니다.

저는 아직도 결혼을 꿈꿉니다. 아마 이 꿈은 제 숨이 다하는 날까지 함께할 것입니다. 하지만 이제 그 마음은 뜨거운 불덩이가 아닌, 먼발치에서 반짝이는 별빛 같은 온기가 되었습니다. 멈춰 있던 시간이 강물처럼 흐르기 시작한 것은 아닐지라도, 꽁꽁 얼었던 마음 위로 따스한 햇살이 비치기 시작한 것만은 분명합니다. 노래는 끝났지만, 저의 삶은 계속됩니다. 이 길고 외로웠던 노래에 귀 기울여주신 당신께, 마음 깊이 감사드립니다.

profile

김현우
010-9042-4867
sdgusdn97@naver.com

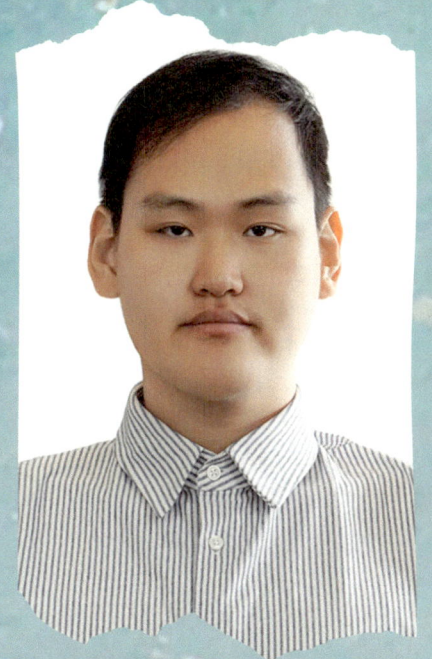

〈12%의 생존, 경계의 시작〉

프롤로그

나는 1997년 2월, IMF가 한창이었고 북한 이한영 암살 사건 등으로 한국 경제와 정세가 혼란스럽고 어지러운 격동의 시기를 또 한 번 지나갈 때 태어났다.

우리 엄마는 이때 나를 가지셨을 때 임신중독과 임신성 당뇨로 고생하고 계셨다. 나는 4.78kg으로 자연분만 태어났다. 그런데 내가 이렇게 무겁게 태어난 이유가 태어난 후에야 밝혀졌다.

태아 시절, 본래 서로 독립되어 각자의 기능을 해야 하는 신경들이 유독 내 허리에서부터 머리까지 뒤엉켜 제 기능을 하지 못하는 지경에 이르렀다. 내 머리는 뇌수두증(수두증)과 태아 당뇨중독증을 동반했고, 그로 인해 내 몸은 본래 추정하던 몸무게보다 700g가량 무겁게 태어났다. 마취 불가와 마취 알러지를 일으키는 인자를 가지고 있던 우리 엄마는, 그런 나를 제왕절개가 아닌 자연분만으로 낳으셨다. 간호사들이 엄마의 배를 누르면서 기어코 자연분만을 해낸 것이다.

내가 태어나자마자 의사는 허리 밖으로 신경이 돌출된 것을 보았고, 나를 엄마에게 안겨 보지도 못하게 했다. 나는 바로 인공호흡기를 꼈고, 자가 호흡이 안정되자마자 성남의 한 병원에서 인천 인하대병원으로 이송(전원)되었다.

그곳에서 돌출된 허리 신경을 가로세로 15cm가량 S자와 Z자를 그리며 절개하고, 신경을 조심스럽게 분리하여 정리하는 수술을 진행했다고 한다. 그리고 그 대수술을 4시간 만에 해내고 나온 의사는 아버지와 할아버지, 할머니에게 이렇게 말했다고 한다.

"정말 유감입니다. 그래도 아기가 자가 호흡이 돌아와서 망정이지, 수술하는 동안 신경을 분리하고 절개하고 있느라 힘들었습니다."

   그러자 아버지가 물었다.
"저희 아기... 살 수 있을까요?"

   의사가 자신의 안경을 고쳐 쓰며 애써 침착하려 했고, 한숨을 작게 내쉬면서 말했다.
"네... 살 수는 있을 겁니다. 출산 당시 산부인과 교수와 저는 모두 이 아이의 생존 확률을 12% 정도로 봤지만, 허리 신경을 분리하는 수술을 거친 지금은 자가 호흡도 돌아왔습니다."

   이윽고 할머니와 할아버지는 의사 앞에서 엄마를 망신 주듯 구박하며 나무라셨고, 조금 진정을 한 후에 할머니가 이런 말씀을 하셨다고 한다.
"얘가 자기 대소변은 가리겠습니까? 걸을 수는 있고요? 밥은 자기 손으로 먹고, 자기 생각대로 말하고 생각할 수 있겠습니까?"

   의사가 당황하면서도 그 무섭고 기세가 센 노인네의 말을 듣고 차분하게 이런 말을 했다고 한다.

"지금부터 무엇을 어떻게 하냐에 따라서, 즉 어르신들께서 이 아이를 어떻게 받아들이시고 지켜주시고, 며느님도 어떻게 도와주실지에 달려 있습니다. 그러니 부디 며느님과 손자분 미워하시지 마시고 잘 도와주십시오."

그러자 아버지가 마지막으로 확언을 얻으시려는 듯 물었다.
"아이가 앞으로 살아가는 게 얼마나 힘들 정도입니까? 그러니까... 장애가 남을까요?"

의사가 당황하고 순간 슬픈 듯, 냉정한 이야기를 하려는 제스처와 어조로 말했다.
"저희가 향후 아이의 불어난 뇌 사이즈와 수두증(뇌수)을 빼주는 인공 뇌척수관 수술과 인큐베이팅 기법으로 최선을 다해보겠지만... 아마 마비가 와서 걷기 힘들거나, 마비가 없어도 이미 다리 기형이 심한 채로 태어났습니다. 안타깝지만, 한국 의료법과 장애인 분류법에 따라서 중증 장애 등급을 받고 살 것 같습니다."

의사의 판단대로 나는 치료를 받았음에도 불구하고 결국 장애가 남았다. 다행히 내 머리와 뇌 사이즈는 돌아왔지만, 난 남들이 기어다닐 때 기지 못했고, 앉아야 할 때 앉지 못했다.

남들이 대소변을 가리고 스스로 신변 처리를 할 때, 나는 요도 관 자가도뇨로 엄마가 소변을 받아내셔야 했고 기저귀를 찼다. 변비약은 내 친구였고, 그 친구가 말을 듣지 않을 때는 엄마가 손수 장갑을 끼고 내 대변을 파내듯 처리하셨다고 한다.

이런 과정을 거쳐 나는 하루하루 살아갔다. 할머니와 할아버지, 그리고 나의 네 명의 고모들에게 나는 첫 손주, 첫 조카인 동시에 미움과 귀여움의 존재였다. 나는 가족 구성원 각자에게 미움과 애처로움 등 여러 감정이 섞인 존재였던 셈이다.

　나는 지금도 기저귀를 떼지 못했다. 그리고 소아 당뇨 진단을 뒤늦게나마 받았고, 나의 왼 다리는 버거씨병을 앓아 하퇴 절단을 한 상태이며, 여타 다른 재가 장애인들과 마찬가지로 고등학교 졸업 후 26살까지 세상과 나를 이방인과 본토인의 관계로 보고, 그들 사이에 들어가서 살 생각도 하지 못했다.

　그러다 절단 후에 여주시로 이사하면서 세상 밖으로 나가는 법을 배우고 있고, 세상 사람들과 어떻게 살아야 하는지, 내가 앞으로 뭘 해야 하는지도 배우고 있다.

　나는 지금부터 이 이야기들을 4개의 에피소드로 함축하여 이 책을 집필하려 한다.

　이 책을 읽는 사람들에게 하고 싶은 말은, 내가 장애로 인해 단순히 힘들었다는 하소연과 신세 한탄만을 하기 위함이 아니다.

　'장애인'이라는 이름도, '정상인'이라는 이름도 얻지 못한 채 살아가고 있을 모든 사람에게 내 인생을 통해 바치는 '헌사'라고 말하며 프롤로그를 마친다.

장애라는 이름의 이중성

나는 비록 태어나자마자 힘든 과정을 거쳤고, 그로 인해 내 삶과 부모님의 삶에 지대하고 상상 이상의 막대한 피해를 줄 만큼 많은 후유 장애가 남으리라 예상했다. 하지만 예상과는 다르게, 나는 남들보다 다른 방식과 다른 방법으로 살아가는 법을 배워나갔다.

느리고 더디고 부서지는 날의 연속이었지만, 부모님과 나, 특히 엄마와 나는 내가 6살에 유치원에 갈 때까지 수많은 넘어짐을 겪었다. 관련 지식이 전혀 없어서 많은 고생을 했고, 타인이 보면 '일자무식'이라고 할 수 있을 정도로 많이 부딪치고 깨지면서 우리만의 사는 법을 배워갔다.

5톤 화물차 기사였던 아버지의 직업적 특성상, 아버지는 새벽 4시에서 6시 사이에는 무조건 집을 나서셨다. 전날 실었던 짐을 가지고 하차장으로 가서 짐을 내리시거나, 혹은 그 반대로 같은 시간에 일어나 하차장으로 가서 전날 실어두었던 파레트나 박스, 원자재 같은 것들을 하차하시고 원래 지역으로 복귀한 뒤, 바로 승하차 증을 가지고 다시 움직이시는 일이 잦았다.

그래서인지는 몰라도 아버지는 매사 고단해하셨다. 내가 태어나기 전에는 그저 친구 삼아, 벗 삼아 간단하게 즐기시던 음주를 내가 태어난 이후로는 매일 그 '술'이라는 벗과 너무 친해지신 탓에, 엄마는 육아에 무심한 아버지에게 불만이 많으셨다고 한다.

그렇게 엄마 혼자서 독박 아닌 독박 육아를 6년간 하셨다. 이유 없이 열이 나거나 경기(신경계 반응 이상으로 인한 경련)를 일으키는 급한 응급 상황이 아니고서야 아버지는 정말 무심하셨다.

그렇게 세월이 흘러 9살 무렵, 내 왼쪽 발목 바깥쪽으로 굳은살이 생기고 피부가 검게 변하는 등의 변화가 나타났다. 얼마 못 가서 그 굳은살은 물집이 되었다가 이내 물러터지고 살을 파고드는 지경에 이르렀다. 이것을 '당뇨발'이라고 부르기 이전에 어떤 병일 것으로 추정은 됐지만, 그때 엄마와 나는 그것을 1형 당뇨라고는 전혀 상상하지 못했고, 버거씨병이라고 설명하기도 애매한 상태였다고 생각한다.

이후 나는 오른발의 기형과 왼발의 궤양을 치료하기 위해 18번의 수술을 거듭했고, 그렇게 17살 무렵 지자체로부터 한 가지 통보를 받았다.

"귀하는 중증 장애에서 경증 장애로의 변경 또는 변동 가능성이 있으므로, 이를 위해 귀하가 가지고 있는 질병과 관련하여 치료받으신 모든 과에서 진단과 검사를 받고, 가까운 재활의학과에서 진단받으신 후 의견서 제출하시기를 바랍니다."

이 말은 가장 단순하면서도 함정을 파는 듯한 교묘한 말이었다.

만약 재검사를 받지 않으면 벌금을 내야 했지만, 그때 당시에 우리 집 상황은 좋지 못했다. 엄마는 일용직 근로자였고, 아빠는 (나 때문인지는 모르겠지만) 계속되는 경제적 부담으로 인해 20년간 지속하시던 화물차 기사 일을 그만두셨다. 그리고 아버지의 청년 시절, 자그마하게 개업하셨던 카센터 정비공 경력을 살려 대형차 정비공으로 일을 시작하셨다.

 아이러니하게도 이제 막 우리 가족은 살아 볼 만했지만, 여전히 내 건강은 좋지 못했다. 나와 우리 부모님은 그 통지서에 대해서 막연히 이렇게 생각했던 것 같다.
'그래, 나라에서도 더 좋게 봐주기 위해서 받으라는 걸 거야.', '설마 이 정도로 힘들어하는데 (등급이) 떨어지겠어?', '안 받는 것보다야 낫겠지.'

 모두 어리석은 생각이었지만, 우리는 아무 자문도 없이 그저 국가에서 시키는 일이니까 사방팔방으로 내가 다녔던 병원들, 특히 다리 수술을 했던 병원에서 모든 자료를 찾아 재활의학과를 방문하여 대기했다.

 대기 5번 끝에 엄마와 나는 진료실로 들어갔다. 들어가자마자 의사는 나에게 간단한 설문을 하면서 "오른팔 들어라.", "발 들어봐라." 등 간단한 신체 기능을 체크했다. 잠시 후, 인턴인지 전공의인지 모를 의사 두 명을 부르더니 엄마와 나에게 잠시 나가 있으라고 했다. 5분이라고 했던 대기 시간은 30분이 지나고, 1시간이 지났다. 그렇게 1시간 후, 의사는 드디어 긴 토의 끝에 엄마와 나를 불렀고, 한참을 고민하더니 이런 얘기를 했다.

"김현우 군은 출생 당시 진단서상에는 걷지도 못하고, 손발도 잘 움직이지 못하며, 사지 마비까지는 아니어도 사는 데 있어 큰 지장이 있을 것으로 진단을 받았죠?"

엄마와 나는 대답했다.

"네…. 이렇게 걷고 하는 것만으로도 다행이죠."

의사가 마치 재판장의 판사가 최종 변론 후에 판결을 내리듯 말했다.
"그래서 저희가 중증을 유지할지, 아니면 경증을 유지할지 고민이 됐습니다. 안타깝지만 현재 대소변을 못 가리는 문제, 보행상의 장애, 허리 신경의 재협착 등의 문제와 리스크, 장애가 남아있지만…. 초기 진단서와 현재를 비교해 보면 많이 호전됐습니다."

엄마가 의사의 말을 천천히 곱씹으며 반문했다.
"선생님…. 저희는 여전히 힘들어요…. 대소변도 흘려서 매일 시트를 갈아야 하고, 냄새도 나고 하기 때문에 정신적으로도 저희 가족 모두 힘들어요…."

의사가 슬슬 인내심에 한계가 왔는지 살짝 짜증 난다는 듯이 얘기했다.
"네, 압니다. 하지만 현재는 스스로 생각하고, 판단하고, 미숙하고 아프지만 걷고, 스스로 자기 손에 숟가락을 쥐고 밥도 먹기 때문에 이 정도면 일상생활이 가능합니다. 그리고 결론적으로 의사는 악법도 지켜야 하는 사람들이고, 모든 판단을 의료적인 근거로 하기 때문에 저는 그 악법을 지켜야겠습니다."

나와 엄마는 그대로 아무런 말도 하지 못하고 진료실을 나왔다.

그날 이후, 나는 그저 엄마의 보호와 보살핌(케어)을 받는 우물 안 개구리라는 것을 깨달았다. 세상은 조그마한 조각과 경계 하나로 사람을 죽일 수도, 살릴 수도 있다는 것을 너무 늦게 알았다면 늦게 알았고, 일찍 알았다면 일찍 알았다고, 지금 와서야 생각이 든다.

하지만 2015년의 그날, 그 재활의학과 의사와의 만남은 나에게 많은 것을 알게 하고 깨닫게 하는 경험이었다.

절망의 시간, 잃어버린 다리

 그렇게 3년 후 나는 성인이 되었고, 고등학교 졸업 이후로 그저 그런 하루하루를 집에서만 보냈다. 여전히 엄마는 일용직으로 일하면서 나를 케어해야 했고, 아버지는 어느 정도 대형차 정비공으로 일하면서 경력이 쌓이자 여기저기 스카우트 제의가 들어왔다.

경제적으로 아버지는 어느 정도 형편이 풀렸지만, 엄마가 그 옛날 사기를 맞은 일과 내가 장애가 있는 것을 비관하고 힘들어하면서 집안일에는 조금도 신경 쓰지 않았다. 허구한 날 술과 친구로 벗삼아, 쉬는 날이면 여기저기 친구들과 술판을 벌이는 분이셨다. 아버지로서도 남편으로서도 정말 형편없다고 할 수 있었만, 그래도 엄마와 나는 남편이고 아버지라고, 우리 가족의 머리라는 생각을 해서 순종하고 참고 살았다고 할 수 있다.

아버지 이야기도 했으니, 엄마의 이야기도 하자면, 우리 엄마는 옛날에 김밥을 싸시던 일, 미용실 미용사 등의 일을 하시다가 92년도 겨울, 김밥집에서 아버지를 만나 결혼하셨다. 평범하게 5년간 신혼을 즐기시다가 97년도 2월에 나를 힘들게 낳으셨다.

엄마는 실질적인 사회 경력과 경험이 없는 상태에서 아버지를 만나 결혼하셨다. 그 탓인지 우리 조부모님은 중학교 졸업에 '잘난 것 없는' 아빠를, (엄마는) 고졸에 경험이 없다는 이유로 하루가 멀다고 하고 무시하셨다고 한다. 내가 태어나서부터는 자신들이 모시던 증조할아버지를 우리 집으로 모셔놓고, 당신들은 안산으로 이사하셨다고 한다.

그 때문인지 그 어른과 난 친했고, 돌아가시는 순간에도 나를 찾고 또 찾으면서 돌아가셨다. 그래서인지 나와 증조할아버지의 사이만큼, 엄마와 이 어른의 관계도 특별했다.

그렇게 엄마는 조금씩 세상을 알아갔고, 내가 아픈 이유와 원인을 찾아다니면서 경제관념에도 조금씩 관심을 가지게 됐다. 하지만 99년도, 내가 3살이던 시절, 일반인을 상대로 다단계 사기가 판을 치기 시작했고, 우리 엄마도 엄마의 사촌 언니에게 그 다단계 사기를 권유받아 큰 빚을 지게 됐다고 했다.

우리 조부모님은 그 빚을 어쩔 수 없이 갚아주셨고, 그 때문에 우리 집에서 엄마는 '집안을 말아먹은 사람'쯤으로 치부됐다. 나도 아프게 태어났고, 엄마는 엄마대로 나를 더 잘 키우고 잘살게 하기 위해서 나름의 탈출구를 찾았지만, 그 문 너머에서 엄마를 기다리고 있는 곳은 낭떠러지였다.

　그래서 아버지는 불안감과 압박감에 엄마와 나를 보호하다가도, 툭 하면 "가출하겠다." 또는 "이럴 거면 이혼하자" 등의 협박과 회피로 불화를 일으키면서 나와 엄마를 불안하게 만들었다. 그래서인지 나는 부모님이 그런 식으로 싸우고 다툼이 있을 때마다 힘들어했다. 소심해졌고, 작아졌고, 자기 비관이라는 길을 걷게 됐다. 하지만 커가면서 내성이라는 것이 생겼는지 나는 이것에 적응했다.

　그리고 이 일은 내가 26살이던 2022년에 또다시 터졌다. 엄마는 아버지가 그렇게 싫어하고 불안해하는 다단계 업을 또 반복했고, 이전과는 다른 규모의 다툼이 시작되면서 나를 또 불안하게 하고 방안에서 공포와 불안에 떨면서 잠만 자고 누워만 있게 했다.

그러면서 나는 왼쪽 다리에 버거씨병이 조금씩 또 재발하기 시작했다. 내 왼발바닥에는 처음에 굳은살이 박였고, 그 굳은살이 조금씩 뜯겨나가면서 좁쌀만 한 상처를 냈다. 그리고 그 좁쌀만 한 상처는 또다시 궤양을 만들기 시작했다. 여름이라서 상처 케어가 전혀 안 되는 상태였고, 나는 또다시 아버지에게 혼날까 봐 그것을 숨기다가 엄마에게 이야기했다.

"엄마, 나 버거씨 증상 재발하나 봐."
"아…. 병원 가자…. 왜 말을 안 했어…."
"그냥…. 속 시끄럽고 아빠가 또 난리 칠까 봐 말 안 하고 소독만 했는데, 이 이상으로 관리가 안 되네…."

그 말을 하고서 엄마가 내 왼쪽 다리를 보는데, 상태가 너무 안 좋았다.

그길로 바로 서울백병원, 내가 치료를 꾸준히 받던 그곳으로 향했다. 족부외과가 최초로 개설된 곳이었고, 나를 15년 이상 봐주시던 교수님이 반겨주시면서 동시에 내 발 상태를 보더니 하시는 말씀이 이것이었다.

"오랜만에 보죠?" "네, 안녕하세요…."
"어릴 때 그렇게 수술하고 병동을 휠체어 타고 레이스 하듯이 돌아다니더니, 이렇게 성인이 되어 왔네. 허허허."

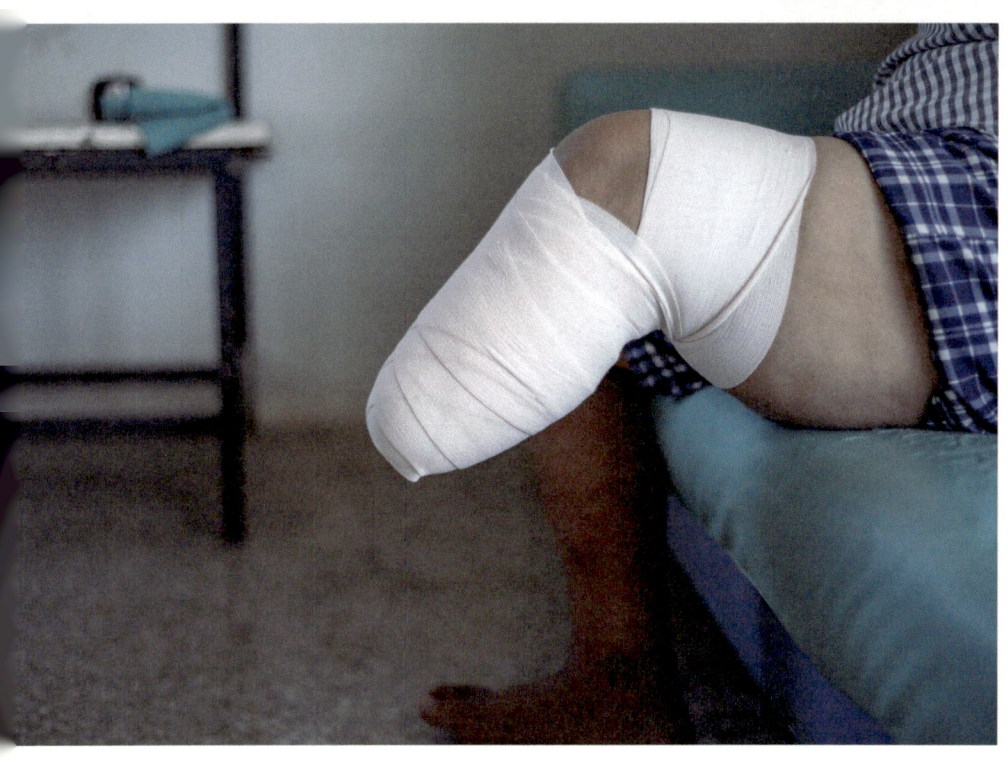

 그 교수님이 애써 긴장을 풀어주시려는 듯이 농담을 길게 이어가셨다.

"일단 버거씨병이 재발한 것으로 보이고, 피검사 상에 보니까 당뇨가 있네요. 아마 1형 당뇨일 걸로 보이는데, 그때는 당뇨까지는 생각을 못 했네요. 그리고…. 안타깝지만 이번에는 안 될 것 같아요. 절단합시다. 무릎은 살릴 수 있고, 무릎만 살아도 충분히 걷는 데는 지장 없으니 일단 살고 봅시다."

 절단…. 어떻게 보면 내가 재가 장애인으로 살면서 몸 관리를 못해서 온 결과이기도 하지만, 또 한 번의 정신적 충격과 부모님께 또 짐이 될 만한 상황을 만들었다는 그것에 나는 또 주저앉았다.

그 말을 듣고 엄마는 화장실에 가서 우셨다. 그 와중에 전담 간호사는 나에게 와서 수술에 필요한 기구와 비급여 자부담 항목에 동의서를 받으러 왔다. 엄마가 정신을 차리고 왔을 때, 입원 수속을 밟으러 갔고, 코로나 검사와 모든 절차를 마쳤다. 간호·간병 통합 격리 병동 입구 앞에서 엄마와 얘기했다.

"엄마, 엄마 아들 안 죽으니까, 아니 안 죽을 거니까 울지 말고, 가서 엄마 일이나 보고 아빠한테 전화 좀 달라고 해요."
"응…. 미안하다…."
"뭘 미안해. 왜 미안한데? 탓하려거든 엄마 탓하지 말고 차라리 아빠를 미워해. 그리고 지금부터 정신 꼭 붙들고 있어요. 알았지?"
"응…. 잘하고 와라…. 수술하고 병동 로비 면회는 된다니까 올게."

난 난생처음으로 엄마를 다독이면서 애써 강한 척했지만, 속으로는 힘들었다. 내가 이랬는데 하물며 엄마는 얼마나 속이 타들어 가고 아팠을까.

이후 난 병실에서 여러 검사를 마치고 저녁에 쉬고 있었다. 그런데 아버지에게 전화가 왔다. 받기 싫었다. 그래도 받았는데, 목소리가 술을 또 마신 뒤에 전화한 것 같았다.

"여보세요?"
"아들, 아빠다…. 괜찮냐?"

"괜찮아…. 신경 쓰지 말고 얼른 집에나 들어가서 쉬세요."
"왜 말 안 했어? 얼마나 아팠을 건데…."
"말했으면? 아빠가 또 성질내고 화낼 거였잖아요."
"그래…. 미안하다. 잘 다녀와라."

그랬다.

난 엄마가 마음 약해지는 것과 아버지가 성질내고 짜증 내는 것이 싫어서 더 그랬다. 재가 장애인으로 산다는 게, 그 와중에 뭘 해야 할지 모르고 방황하고 세상에 부딪히는 게 두려워서 숨어서 살아 버린 결과다.

이틀 후에 나는 왼쪽 다리와 이별했고, 수술 직후 깨어났다는 안도와 함께 한동안은 "절단한 건가…."라는 생각을 계속하면서 혈압과 체온을 측정하는 의료진들에게 계속 물어봤다.

"저…. 진짜 절단한 거 맞죠?"
"네…. 맞아요. 환상통이라고 해서 다리를 절단했는데 뇌에서 아직 인지를 못 하는 거예요."

그랬다.

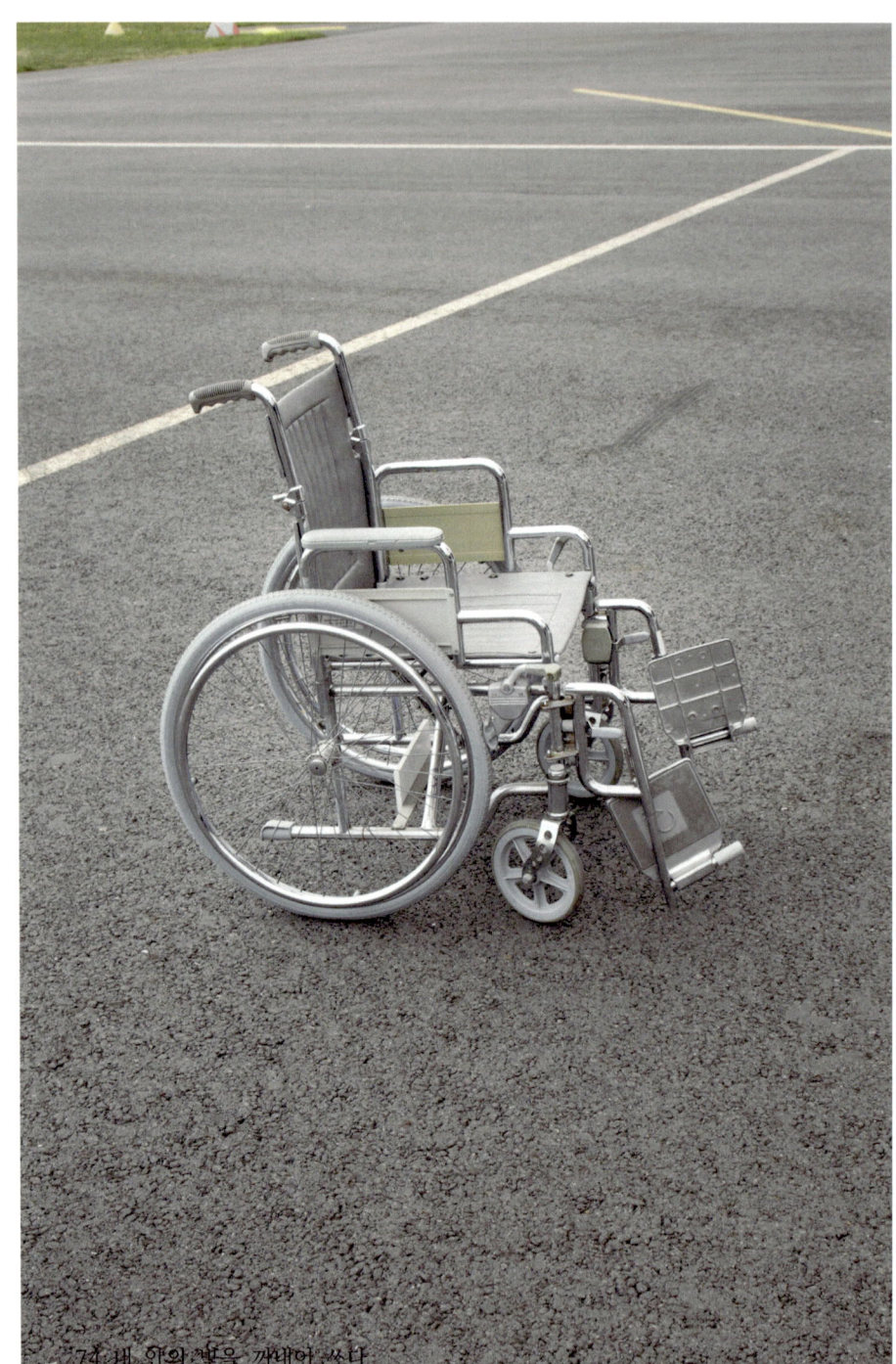

74 내 안의 빛을 꺼내어 쓰다

절단 환자치고는 난 고통도 무디고 발끝을 꼼지락하면 움직였기 때문에 몰랐을 뿐, 난 '절단 장애'라는 명칭을 또 얻었다. 앞으로의 삶은 기존의 삶과 다를 것이고, 이는 내가 살아온 패턴과 요령을 재정비해야 함을 의미했고, 고단할 것을 의미했다.

난 정확히 100일 만에 집으로 돌아왔다. 집에 와서 제대로 씻지 못했던 몸을 씻는데, 앉아서 씻어야 했다. 자다가 환상통 때문에 깨고, 다리가 없는 데 있는 것처럼 착각해서 일어서다 넘어지고, 꿈에서는 없는 다리로 두 발처럼 걷는 꿈을 꿨다.

난생처음,

어쩌면 진작 다녀 봐야 했을 정신과 치료도 다녔고 재활도 시작했다. 이 모든 과정을 난 겪었고, 우리 엄마와 이모가 날 끌어주고 당겨주었다.

이후 2년 뒤, 생활 반경이 넓어서 활동하기 힘든 이천을 벗어나 고향인 여주로 이사 왔다. 이후 내 인생은 조금씩 바뀌게 된다.

세상 속으로 내딛는 첫걸음

 여주로 이사 온 뒤, 나는 IL센터(장애인자립생활센터)에서 지내며 많은 것을 하고 있다.

 장애인의 권리를 찾아 그것을 옹호하고 지켜주는 이곳에서, 그것을 위해서 1년간 일도 했다. 어리숙하고 미숙하지만 1년 째 이곳에서 많은 걸 배우고 성취하면서 자라고 있다. 처음에는 사람들 눈도 못 마주쳤고 인사도 잘 안 했다. 재가 장애인으로서 오래 살았으니 당연한 것이다.

78 내 안의 빛을 꺼내어 쓰다

난 꿈도 많았고 하고 싶은 것도 많았다. 다만 그것들을 할 힘도, 여건도 되지 않았고, 무엇을 어찌해야 하는지도 몰랐을 뿐이다. 하지만 이곳은 그저 하루하루 같은 장애인들과 지내면서 웃고 즐기고 인사 나누는 게 다지만, 행복해 보였다. 내 개인적으로는 그 와중에 많은 사람과 헤어지고 만나는 과정도 거쳤지만, 그래도 여기서 희망을 얻었다.

나한테 꿈이 하나 생겼다. 사회복지사

이 책의 앞부분에서 언급한 내 장애에 대한 일련의 과정과 격동을 겪으면서, 나는 조금 불합리하다고 느꼈다. 의사들의 견해와 의학적 기준에 따라서 누구는 경증, 누구는 중증으로 나뉘고 그에 따라서 지원을 받고 못 받고를 넘어, 죽음과도 같은 나날을 살다가 그 아까운 생을 마감하는 일이 없도록, 내가 겪어온 이 벽들과 경계를 조금 허물어보고 싶다.

그 경계와 벽들이 누군가에게는 너무 두껍거나, 누군가에게는 종이 한 장 차이일 수도 있지만, 그 보이지 않는 이격(離隔)과 간극을 조금이라도 줄여보고 싶다.

세상 어딘가에서 나같이 힘들어하고, 방황하고, 깨지고, 부서져 본 사람들이 있을 것이다. 그래서 난 이 꿈을 가졌다.

난 그리고 세상에서 내가 그리 대단하다거나 오페라의 비극 같은 삶을 살았다고는 생각하지 않는다. 다만, 이런 경계에서 살아온 나와, 세상 어딘가에 있을 나 같은 사람들이 평범하게 꿈꾸고 살면서 그저 하루하루 원하는 것을 하면서 사는 세상과 자유가 있기를 꿈꿔본다.

에필로그

나는 여전히 나의 경계 위에 서 있다.

태어나면서부터 시작된 이 경계는 내 의지와 상관없이 주어졌고, 지금까지도 내 곁에 머물러 있다. 그러나 이제 그것은 더 이상 나를 가두는 벽이 아니다. 오히려 나를 단단하게 세우고, 나 자신을 깊이 들여다보게 만든 삶의 교사였다.

내가 태어났을 때, 의사는 내 생존 확률을 12%라 했다. 가족은 불안과 눈물 속에서 나를 맞이했고, 엄마는 끝내 나를 놓지 않았다. 그 순간부터 나는 이미 '살아남은 사람'이었다. 그러나 살아남는 것과 살아가는 것은 다른 일이었다.

걷지 못한다는 판정을 받았지만, 나는 내 방식대로 세상과 타협하며 길을 찾았다. 수없이 넘어지고 다시 일어나는 과정을 반복했고, 스스로 해결하기 어려운 일상도 하루하루 감당해 나갔다. 때로는 버티는 것만으로도 충분하다고 믿었고, 그 믿음이 내 삶을 이어 주었다.

돌아보면 나는 늘 가족과 함께였다.

엄마의 눈물, 아버지의 고단한 한숨, 때로는 다툼과 갈등까지도 결국은 내 삶을 지탱하는 힘이 되었다.

엄마가 손수 내 대변을 치워주며 "괜찮다, 우리 아들은 살아 있으니까"라고 말하던 순간은 지금도 내 존재를 붙잡아 준 기억으로 남아 있다.

물론 상처도 많았다. 다리를 절단해야 했던 순간, 의사의 냉정한 말, 제도의 차가운 벽은 우리를 수없이 좌절하게 했다. 그러나 그 속에서 나는 배웠다. 사람은 끝내 살아내고, 그 과정 속에서 단단해진다는 사실을.

이 책을 쓰며 나는 다시 내 삶을 걸어왔다. 힘겨운 장면들이 떠올랐지만, 동시에 그 안에 스며 있던 따뜻함도 함께 되살아났다. 내 손을 잡아주던 엄마, 위로를 건네던 친구, 병원에서 어깨를 다독여주던 간호사의 손길. 결국 그런 순간들이 나를 지금까지 살아오게 했다.

그래서 이 책은 단순한 고백이나 하소연이 아니다. 나에게는 치유의 기록이며, 누군가에게는 작은 위로가 되기를 바라는 바이다. 세상 어딘가에서 나처럼 경계 위에 선 이가 있다면, 이 글을 통해 "너 혼자가 아니다"라는 말을 전하고 싶다.

사람들은 나를 비롯한 장애인들에게 종종 묻는다. "장애인으로 살아가는 게 힘들지 않느냐"라고. 힘들지 않다면 거짓말일 것이다. 그러나 힘들다고 해서 곧 불행한 것은 아니다. 장애는 단지 살아가는 방식의 차이를 만들어낸 이름일 뿐이다. 나는 웃고, 사랑하고, 꿈꾸고, 다투고, 화해하며 살아간다. 다르다고 해서 내 삶이 틀린 것은 아니다.

우리는 누구나 다르다. 어떤 이는 마음에 상처를 지니고, 어떤 이는 몸에 흔적을 안고 살아간다. 그 차이를 인정할 때 우리는 서로에게 더 가까워질 수 있다. 내가 바라는 세상은 다름이 배척이 아니라 풍요로움이 되는 곳이다.

내가 여주로 이사 온 뒤, 나는 세상 속으로 발을 내디뎠다. 같은 장애인들과 웃고 대화하며 세상에도 따뜻함이 남아 있다는 것을 느꼈다. 그곳에서 나는 꿈을 찾았다. 사회복지사가 되어, 나와 같은 사람들을 돕고 싶다는 꿈이다.

그러나 나는 여전히 완벽하지 않다. 여전히 부족하고 두려움 앞에 무너지기도 한다. 그러나 내가 겪은 경험은 누군가에게 도움이 될 수 있다. 불합리와 좌절의 시간들이 다른 이들의 희망을 지켜주는 힘이 될 수 있다면, 나는 기꺼이 그 길을 걷고 싶다. 언젠가 내 경험을 바탕으로 누군가에게 이렇게 말하고 싶다.

"괜찮다. 우리 함께 살아가자."

그리고 여러분이 이 책을 덮는 순간, 여러분에게 부탁드리고 싶다. 길에서 휠체어를 탄 사람을 본다면 눈길을 피하지 말고 따뜻한 시선을 건네 달라. 다리가 없는 사람을 본다면 동정이나 조롱이 아닌 동료 시민의 눈빛으로 바라봐 주길 바란다. 그리고 혹시 지금 여러분이 장애가 아니더라도 스스로가 어떤 경계 위에 서 있다고 느낀다면, 기억해 주시길 바란다.

그 경계는 끝이 아니라 새로운 길의 시작일 수 있다는 것을.

삶은 때로 가혹하고 불공평하다. 그러나 그 안에도 작은 빛은 존재한다. 내가 살아온 길이 그 증거다. 여러분 역시 그 빛을 찾을 수 있기를 바란다.

계속 이야기하지만 나는 특별한 사람이 아니다. 다만 조금 다른 몸으로, 조금 다른 길을 걸어왔을 뿐이다. 그러나 그 길 끝에서 나는 알게 되었다. 우리가 서로를 이해하고 존중할 때, 세상은 조금 더 따뜻해진다는 것을.

내 바람은 단순하다. 언젠가 우리 사회에서 '장애'라는 단어가 벽이 아닌 다리가 되기를. 구분하고 배제하는 이름이 아니라, 서로를 잇는 이름이 되기를.

그래서 내 이야기는 여기서 끝나지 않는다. 나는 여전히 배우는 중이고, 여전히 삶의 숙제를 풀어가는 중이다. 그러나 이제는 확신한다. 내가 걸어온 발자국이 누군가에게 희망의 흔적이 될 수 있다는 것을.

그리고 언젠가 이 글을 읽은 누군가가 자신의 삶을 조금 더 사랑하게 된다면, 나의 기록은 충분히 의미 있을 것이다. 이 책이 독자들의 마음속에 작은 불씨로 남기를 바란다. 어두운 날에도 그 불씨가 따뜻한 빛이 되어주기를. 그리고 언젠가, 우리 모두가 서로의 다름을 품으며 웃을 수 있기를 소망한다.

profile

윤정미
010-2777-5063

〈엄마의 보따리〉

지은이 소개

물이 맑은 경기도 양평, 기차 소리가 나는 시골 동네에서 놀기 좋아하고 무서운 아버지와, 배움은 없지만 부지런하고 강한 생활력으로 자식들에게 최선을 다하셨던 어머니 사이에 3남 1녀 중 장녀로 태어났다.

첫돌이 지나며 장애가 생겼지만, 자라면서 장애라는 인식 없이 장난도 많이 치며 밝게 성장했다.

동생은 셋이었지만 큰 동생은 여섯 살 때 병명도 모른 채 세상을 떠났고, 둘째 동생은 다 커서 청년기에 사고로 세상을 떠났다.

내 나이 열여덟 살, 어머니는 암으로 우리 곁을 떠나셨고 3년 후 아버지도 어머니 뒤를 따라가셨다.
나와 막냇동생, 둘만 세상에 남았다.

나는 어린 동생과 어떻게 살아야 할지 막막했지만, 주위 어르신들의 관심과 도움으로 살아왔다.
성인이 되어 결혼도 하고 아들딸 남매를 낳고 살면서 점점 더 엄마가 그립고 그립다. 내 아들딸에게는 아픔을 주지 말아야겠다는 다짐이 더 커진다.

우리 자녀들이 훗날 내가 떠난 뒤, 가슴에 상처가 아니라 사랑의 추억이 가득하길 바라본다.

프롤로그

눈을 감으면 문득 떠오르는 얼굴이 있습니다.

세상 그 누구보다 강인했지만, 한없이 여렸던 사람.
늘 억척스럽게 일하며 우리 삼 남매를 챙기면서도, 정작 당신 몸은 돌보지 못했던 사람.

바로 나의 '엄마'입니다.

어린 시절에는 그저 당연하게만 여겼던, 때로는 투정도 부렸던, 엄마의 사랑이었습니다. 하지만 세월이 흘러 저도 아이의 엄마가 되고 나니, 그때는 미처 헤아리지 못했던 엄마의 깊은 사랑과 희생을 이제야 조금이나마 알 것 같습니다.

이 글들은 그 시절, 엄마가 제게 주셨던 수많은 사랑의 조각들입니다.

뜨거운 닭발 국물을 불어 주시던 온기, 낡은 재봉틀이 들려주던 삐걱거리는 소리, 새벽시장을 오가며 머리에 이고 오셨던 커다란 보따리, 그리고 아프게만 느껴졌던 그 회초리까지...

그 모든 것이 실은 '사랑'이었음을 고백하려 합니다.

제 기억 속에 가장 선명하게 살아 숨 쉬는, 세상에서 가장 강하고 따뜻했던 나의 엄마, 나의 첫 번째 선생님을 추억하며 이 글을 엽니다.

엄마의 보약

무더운 여름이 시작되었다. 여름이 시작되고 땀이 흐르기 시작하면 엄마의 보약이 먹고 싶어진다. 우리 엄마는 약한 나에게 여름만 되면 보약을 만들어 주신다.

우리 엄마의 보약은 특별하다. 여러 가지 약재를 넣고 만든 것이 아니고, 지금 와서 생각해보니 그냥 단순했다.

경동시장에서 닭발과 황기를 사다가 가마솥에 넣고 서너 시간 끓이셨다. 그렇게 서너 시간을 푹 끓인 닭발과 황기를 분리하고 닭발은 맛있게 양념을 하셨다. 그리고 뽀얗게 우러나온 국물을 한 사발 담아서 엄마는 나를 부르셨다.

그리고 앞에 나를 앉혀 놓고 뜨거운 닭발 국물을 호호 불어 주시며 나에게 먹여 주셨다. "이것을 먹어야 힘이 난다." 하시며 내가 다 마실 때까지 기다리셨다. 내가 다 마시고 나면 "이제 힘이 나지?" 하셨다. 맛있게 양념해 놓은 닭발은 밥반찬으로 밥상 위에 놓였다. 그러면 우리 가족은 즐거운 시간을 보냈다. 그래서인지 나는 여름을 수월하게 지낼 수 있었다.

나도 자식을 낳아 키우면서, 지금도 여름이 되면 우리 아이들에게 엄마의 보약을 해 준다. 내가 해 주는 우리 아이들의 보약은 조금 더 업그레이드되었다. 토실한 닭 한 마리에 전복과 낙지, 여러 가지 약재를 넣고 끓여 주면, 우리 아이들은 무척 좋아한다. "엄마, 맛있어!"를 연발하며 그 소리를 들을 때면 내 기분도 흐뭇해진다.

그런데 나는 우리 엄마가 해 주실 때 맛있다고 하질 못했다. 그저 인상을 찌푸리며 투덜댔던 생각이 난다. 참 못된 딸이다. 다시 그때로 돌아간다면 맛있다고 엄지척을 해 드렸을 텐데. 아니, 지금 엄마가 옆에 계시면 내가 맛있게 해 드리고 싶은데.

5월 5일 어린이날

　우리 가족은 여행을 한 번도 해 본 적이 없다. 그렇지만 가끔 엄마를 따라 서울 새벽시장에 가는 것이 재미있었다. 그냥 엄마하고 기차를 타고 가는 것만으로도 재미있고 좋았다. 매일 바쁘게 일하시는 엄마이지만, 우리에게는 엄마와 함께한다는 것만으로도 좋았다.

내가 중학교 1학년 때 어린이날, 엄마께서 엄마를 도와 새벽 일찍 일어나 같이 경동시장에서 나물과 두부를 빨리 팔고 놀이동산에 가자고 하시는 것이었다. 어린 우리 삼 남매는 너무 좋아하며 그날을 기다렸다. 그리고 매일 엄마를 도와드렸다.

드디어 5월 5일 어린이날이 되었다. 우리는 새벽 일찍 일어났다. 그리고 서울 갈 준비를 하고 나물 보따리와 두부 보따리를 손수레에 싣고 기차역으로 가서 기차를 타고 청량리역으로 향했다. 기차 안에서 우리는 너무 설렜다. 생전 처음 가는 놀이동산. 꿈에 부풀어 있었다.

기차가 청량리역에 도착하자마자 엄마는 나물 보따리를 이고 지고 우리에게 엄마를 따라 빨리 뛰라고 하셨다. 우리는 엄마를 따라 뛰기 시작했다. 나물과 두부를 팔려면 시간 내에 가야 하기 때문이다.

한참을 뛰어 경동시장에 도착하니 사람들이 너무 많았다. 엄마의 나물과 두부는 금세 다 팔리고 빈 보따리만 남았다. 엄마는 다행이라고 말씀하시고 우리 손을 잡고 버스를 타고 어린이대공원으로 갔다. 말로만 듣던 놀이동산에 도착하니 완전히 다른 세상이었다. 우리의 눈은 휘둥그레졌다. 우리는 여러 가지 놀이 기구를 신나게 타고, 또 동물원에도 가서 TV로만 보던 동물의 실물을 보고 그저 감탄과 놀라움의 연속이었다.

그것이 우리와 엄마의 처음이자 마지막 놀이공원 추억이었다. 지금도 눈을 감으면 그 모습이 보인다. 환하게 웃는 엄마 얼굴, 즐거워하는 동생들 얼굴. 그때가 그립다.

엄마의 보따리 93

엄마의 회초리

나는 큰동생과 여덟 살, 막냇동생과는 열한 살 차이 나는 두 동생이 있었다. 가끔 두 동생은 나를 빼놓고 둘만 재미있게 놀곤 했다.

어느 날인가 손재주가 좋은 큰동생이 새총을 만들어 작은동생하고 참새를 잡는다고 마당에서 놀고 있었다.

둘이 노는 것이 재미있어 보여 나도 한번 해 보자고 하니, 동생들은 "누나는 못 해"하며 끼워주지를 않았다. 내가 자꾸 귀찮게 하니까 두 동생은 나를 피해 뒤뜰로 도망을 갔다.

나는 동생들이 노는 것이 샘도 나고 끼워주지 않는 것에 화가 나서 동생들을 쫓아가 가지고 노는 새총을 빼앗아 고칠 수도 없이 망가뜨렸다.

그러자 두 동생은 울면서 나에게 대들었다. 그 모습을 보신 엄마는 마루 위에 놓인 회초리를 들고 우리들을 불러 세우셨다. 우리 셋은 엄마 앞에 나란히 서서 서로 변명을 늘어놓았다.

그렇지만 엄마는 누구의 편도 들어주지 않고 우리의 종아리를 회초리로 내리치셨다.

회초리를 내리치시면서 서로 양보하지 않은 것, 서로 배려하지 않은 것, 참지 못한 것에 대해 말씀하셨다. 그것도 남매지간에 우애 있게 사이좋게 지내지 못한 것에 더 매를 치셨다.

종아리가 아파 오기 시작하자 우리는 울면서 다시는 그러지 않겠다고 하며 용서를 빌었다. 우리의 종아리에서 피가 나고 부어오르자, 회초리는 더 이상 올라가지 않았다.

그날 우리 엄마는 우리에게 형제간에 우애 있게 지내야 한다고 다짐 또 다짐을 받으시며 회초리를 내려놓으셨다.

그날 밤 모두 잠든 줄 아시고 엄마는 우리의 종아리에 안티푸라민을 발라 주시면서 작은 소리로 말씀하셨다.

"싸우지 않으면 회초리 안 맞잖아, 이것들아."
"그리고 미안하다."

 하시는 그 손끝이 내게는 너무 따뜻했다.
 그 후로 우리 삼 남매는 싸우는 일이 없었다.

 나도 우리 아들딸을 키울 때 회초리를 들어 손바닥도 때려봤다. 그때 내 마음이 너무 아팠다. 우리 엄마도 우리 종아리를 회초리로 내리칠 때 그 마음이 아팠겠지. 종아리를 매일 맞아도 좋으니...

 엄마가, 내 큰동생이 보고 싶다.

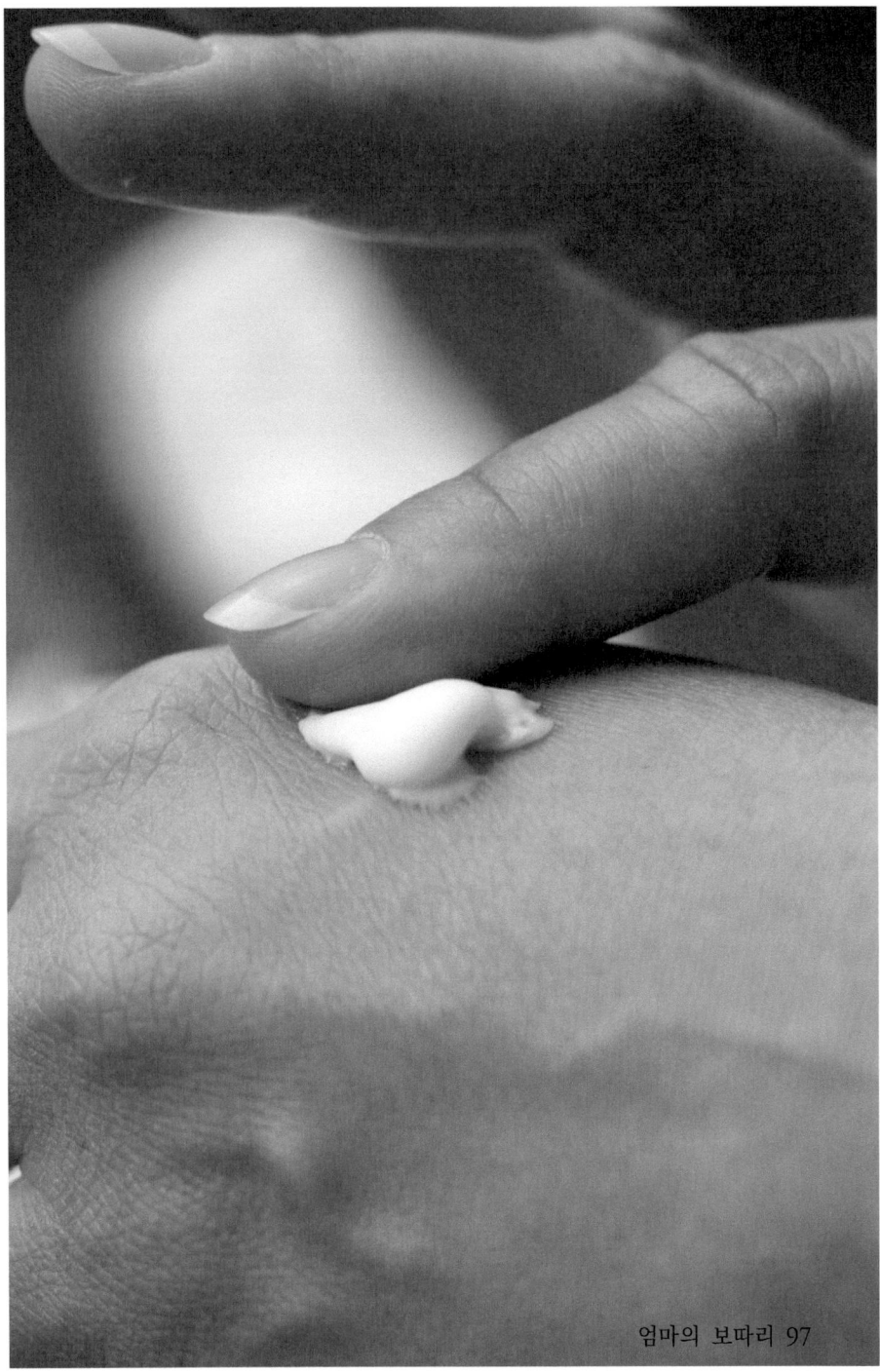

엄마의 산고

무더운 여름날, 엄마의 모습이 몹시 힘겨워 보이셨다. 사실 엄마는 그때 뱃속에 동생을 가지고 계셨다. 내 나이 열한 살 때다. 엄마는 힘겨워하시면서도 가마솥에 물을 가득 채우고 아궁이에 불을 지펴 물을 데워 놓으셨고, 작은 솥에는 미역국을 끓이셨다.

그리고 가위를 아주 깨끗하게 소독하시고 방으로 들어가셨다. 방 한쪽에 깨끗한 이불과 자리를 만들어 놓으시며 "여기 올라가면 안 돼." 하셨다. 그리고 고통스러워하시면서 수건도 꺼내놓으시고 작은 아기 옷도 꺼내놓으셨다. 그것이 배냇저고리였다.

저녁때가 되니까 아버지께서 들어오시면서 "오늘이야?" 하고 물으셨다. 엄마는 조금 전보다 더 고통스러워하시며 안방을 몇 바퀴 기어다니셨다. 나는 "엄마, 많이 아파?" 하며 큰동생 손을 잡고 있었다. 엄마가 "괜찮아."하시며 준비해 놓은 자리로 가시더니, 동생하고 문밖에 나가 있으라고 하셨다.

나는 동생 손을 잡고 방문 밖으로 나왔다. 그런데 갑자기 방에서 아기 울음소리가 들렸다. 다시 방으로 들어가 보니 아주 작고 귀여운 남자 아기였다. 그렇게 나는 남동생이 둘이 되었다.

그런데 엄마는 아기를 그렇게 쉽게 낳고 젖을 물리시더니, 두어 시간 만에 부엌으로 나가 일을 하셨다. 나는 엄마들은 다 원래 그런 줄 알았다. 하지만 그래선 안 되는 것이었다. 우리 엄마만 그랬던 것이다. 그렇게 할 수밖에 없었기 때문에. 몸조리해 줄 사람도 없고 형편도 그랬다.

우리 아버지는 당신 몸만 챙기시는 분이었던 것을, 나는 내가 아이를 낳아 몸조리하면서야 엄마의 그런 가엾고 안쓰러움을 느끼게 되었다. 가여운 우리 엄마.

엄마의 보따리

우리 엄마의 머리에는 커다란 보따리가 올려져 있는 날이 많았다. 그 보따리 속에는 늘 우리의 간식거리도 같이 있었다. 산과 들로 다니시며 갖가지 나물을 채취해 오실 때는 산딸기, 머루, 다래, 보리수, 돌배, 찔레, 더덕 이것들이 늘 함께 있었다. 어떨 때는 지금은 귀한 민물 가재도 있었고, 여름에는 조개랑 다슬기도 있었다.

또 경동시장에서 나물을 다 팔고 두부도 팔고 집으로 오실 때는 비록 파지이긴 했지만 여러 가지 과일과 빵, 과자가 있었다. 상인들이 예쁘고 좋은 것은 제값을 받고 팔고, (엄마는) 남은 것을 아주 싸게 얻어 오시다시피 하셨다. 그래도 그때는 그게 좋았다. 지금은 예쁘고 좋은 것만 골라 사 먹지만, 참 그런 시절이 내게는 있었다.

그런 것을 먹이시는 엄마의 마음을 (그때는) 다는 몰랐지만, 지금은 알 수 있다. 엄마는 보따리 속에 우리들에게 좋은 것을 많이 넣어 가지고 오고 싶으셨을 것이다.

나의 첫 번째 선생님

나는 학교를 다른 아이들보다 2학년이나 늦게 들어갔다. 몸도 약하지만 가정 형편도 좋지 않아서였다. 그렇지만 글씨는 일곱 살 때부터 배웠다.

우리 엄마는 국민학교도 못 나오셨고, 외삼촌 어깨너머로 혼자서 배우셨다고 하셨다. 공책은 아궁이 앞 땅바닥이고 연필은 불 땔 때 사용하는 부지깽이라고 하셨다. 우리 엄마는 머리가 참 좋으셨다. 그렇게 해서 한글도 산수도 다 혼자 배우셨다고 하셨다.

머리 좋으신 외삼촌이 한번 가르쳐 주시면 잊어버리지 않고
열심히 연습해서 익히셨다고 하셨다.

그래서 내게는 "배워야 산다"고 늘 말씀하셨다. 그러면서
시간 날 때마다 내 손에 연필을 쥐어 주시고 내 손을 잡고
글씨를 가르치기 시작하셨다. 수학도 나뭇가지를 꺾어 놓으시며
가르치셨다. 내가 틀리면 또 가르치시고 또 가르치셨다. 못
한다고 혼내지는 않으셨다. 자꾸 연습하고 노력하라고 하셨다.
알아야, 배워야 사람 대접 받고 인정받으며 산다고 하셨다.

당신이 배우지 못한 것에 한이 맺혀서인지, 더욱이 나는
장애가 있으니 더 배워야 한다고 생각하셨던 것 같다.
뒤처지지 않게 하기 위해 내가 한글을 다 알 때쯤,
엄마는 어디선가 동화책을 가져오셨다. 위인전도 가져오시고.
그때 읽은 동화책을 지금도 좋아한다.

내가 공부를 더 하기를 원하셨지만 내 학업은 중학교 2학년
때로 끝났다. 엄마가 아프시고 내가 살림과 동생을 돌봐야 했기에
아버지는 내 학업을 더 이상 못 하게 하셨다.

손수 연필을 곱게 깎아서 필통에 넣어 주시고 내 손을 잡고 글씨
를 가르치시던 엄마. 나 아직 배울 것이 너무 많은데 선생님이
안 계셔서 못 배우고 있어요.

엄마의 재봉틀

삐걱삐걱.

방에서 들리는 재봉틀 소리. 장맛비가 억수같이 내려 산에도 들에도 갈 수 없을 때, 엄마가 재봉틀을 돌리신다. 어디선가 예쁜 천을 구해 오신 엄마는 가위를 가지고 천을 여러 가지 모양으로 자르시고 재봉틀 앞에 앉으신다. 재봉틀 발틀을 밟으니 삐걱삐걱 소리가 나며 돌기 시작한다. 엄마는 열심히 무엇인가를 만드신다.

한참 후 엄마가 부르신다. 엄마 앞으로 가니 엄마가 예쁜 원피스를 만들어 내게 주셨다. 나는 얼른 갈아입고 엄마 앞에서 빙빙 돌고 공주처럼 걸어도 보았다. 너무 예뻤다. 내 몸에 꼭 맞고 살랑살랑 레이스도 달렸다.

우리 엄마는 솜씨도 좋으셨다. 바느질도 잘하시고 뜨개질도 잘하시고 음식도 잘하신다. 그렇게 바쁜 와중에도 틈틈이 우리 삼 남매 옷도 만드시고, 실로 스웨터도 장갑도 모자도 짜 주셨다. 그래서인지 나도 바느질하는 것을 지금도 좋아한다. 그때 재봉틀

엄마한테 배워서 지금 나도 우리 아이들 옷을 가끔 만들어 준다. 잘은 못 해도 만들어 주면 좋아하는 아이들 모습이 보기 좋다. 우리 딸도 이런 내 모습을 훗날에 기억해 주려나.

예쁜 송편

추석이 되니 또 하나의 추억이 생각난다. 우리는 명절이 되면 큰집인 우리 집으로 작은집 가족이 다 모이곤 했다. 추석 전날, 엄마는 사촌 여동생 세 명과 나를 부르셨다. 그리고 우리 앞에 쌀가루와 여러 가지 송편 소를 내놓으시며, "이제부터 송편 만들기를 하는데 누구 송편이 제일 예쁜지 시합이다." 하시면서 먼저 송편 만들기 시범을 보여 주셨다. 그리고 각자의 앞에 쌀 반죽을 떼어 놓으시면서 "예쁘게 만들어야 이다음에 예쁜 딸을 낳는다."고 하셨다.

우리 넷은 열심히 만들어 보았지만, 속이 터지거나 납작해지는 등 제각각의 모양이라 예쁜 모양은 나오지 않았다. 그러자 엄마는 다시 한번 천천히 한 사람씩 가르쳐 주셨다. 송편은 반달같이, 버선코 같이 만들어야 한다고 하시면서 모양 만드는 순서와 모습을 일러 주셨다. 그리고 천천히 엄마를 따라 다시 만들어 보니 정말 예쁜 모양으로 만들어졌다.

　그렇지만 작은집 큰 동생은 성격이 급해서인지 예쁘게 만들지를 못하고 커다란 찐빵같이 만들어 놓고는, "큰엄마, 나는 못 하겠어요." 하고 손을 털고 일어섰다. 그러면 우리 엄마는 "다시 해 봐." 하셨지만, 동생은 "나 안 할래요." 하고 밖으로 나가 버렸다. 작은 동생들과 나는 재미있어서 끝까지 다 만들고 일어섰다. 다 만들어진 송편을 우리 엄마는 가마솥에 솔잎을 깔고 맛있게 쪄 주셨다. 우리가 만든 송편이라 각자가 만든 송편을 찾아 먹는 재미도 있었다. 그렇게 우리 엄마는 우리들에게 송편과 만두 빚는 것을 가르쳐 주셨다.

　요즘은 집에서 송편이나 만두를 잘 만들어 먹지 않고 마트에서 사다 먹지만, 나도 우리 아이들이 어릴 땐 아이들과 함께 만들어 먹었다. 나도 우리 엄마처럼 아이들에게 송편 빚는 것과 만두 빚는 것을 가르쳐 주면서 엄마와 똑같은 말을 했다. 그러면 우리 딸이 "아, 그래서 엄마가 예쁜 딸(나)을 낳았구나." 하고 말했고, 나는 "그렇지." 하고 대답했다. 그럼 옆에서 듣고 있던 우리 조카들이 "우리 엄마는 예쁘게 못 만드는데 어떻게 예쁜 우리들을 낳았지?" 하고 물었고, 그 옆에 있던 (사촌) 동생이 "너희들은 주워왔으니까 그렇지." 하며 농담을 한 기억이 난다. 엄마와 송편 빚던 그때, 어린 조카들과 내 아이들과 웃으며 송편 빚던 그때. 참, 그 세월이 너무 빨리 지나갔다. 붙잡을 수 없는 순간들. 참 소중하다.

손톱 물들이기

여름이 오면 시골집 담 밑에 봉숭아꽃이 예쁘게 피어났다. 그러면 우리 엄마는 빨간 꽃과 파란 잎을 한 움큼 따서 그늘에서 시들게 만드셨다. 그리고 저녁밥을 먹고 나서 손을 깨끗하게 씻고 오라 하셨다.

내가 손을 깨끗하게 씻고 오면, 엄마는 미리 시들게 해 놓은 봉숭아 꽃과 잎을 못 쓰는 그릇에 담아 백반을 넣고 콩콩 찧어서 내 손톱 위에 얹으시고, 비닐로 돌돌 말아 실로 꽁꽁 묶어 주셨다. 열 손가락에 다 그렇게 해 주시고는 자리에 누우라 하셨다.

 두 손을 위로 하고 얌전히 자라고 하셨다. 아침이 되면 손가락에 있어야 할 꽃잎은 이불 속에 빠져 이불도 물들이곤 했다. 열 손가락도 검붉게 물들어 있었다. 며칠이 지나면 예쁘게 색이 바래곤 했다. 엄마는 내게 농담으로 "첫눈 올 때까지 색이 남아 있으면 첫사랑이 이루어진다" 고 하셨다. 하지만 첫눈 올 때쯤에는 손톱 끝에서 보일까 말까 하게 사라지곤 했다.

 나도 우리 딸에게 우리 엄마가 하던 대로 손톱에 물을 들여 주면서 우리 엄마 이야기를 하곤 한다. 그러면 우리 딸은 내게 이렇게 말한다. "엄마는 오래오래 내 옆에 있으면서 손톱에 물들여 줘야 해. 약속해. 빨리 가면 안 돼."그렇게 말하던 딸이 결혼을 해 내게 손주까지 안겨 주었다.

 우리 엄마는 왜 그리 빨리 가셨는지. 그립다, 우리 엄마.

에필로그

엄마와의 기억을 한 자 한 자 적어 내려가다 보니, 마치 다시 그 시절로 돌아간 듯합니다.

삐걱거리던 재봉틀 소리, 설렘 가득했던 어린이대공원의 풍경, 뜨거운 닭발 국물을 불어 주시던 따뜻한 입김까지, 모든 것이 어제 일처럼 생생하게 떠오릅니다.

그때는 너무 어리고 철이 없어, 그 모든 것이 얼마나 큰 사랑이었는지 미처 알지 못했습니다. "맛있다"라는 말 한마디, "고맙다"라는 인사 한번 제대로 못 하고 투덜대기만 했던 못된 딸이었습니다. 돌이켜보면 모든 순간이 안쓰럽고, 가엾고, 또 감사한 마음뿐입니다.

엄마가 제게 그러하셨듯, 저도 이제 제 아이들에게 보약을 끓여주고 옷을 만들며 엄마를 추억합니다. 엄마가 제게 첫 번째 선생님이셨던 것처럼, 저도 아이들에게 그런 존재가 되기 위해 노력합니다. 엄마가 주신 사랑은 그렇게 저를 통해 이어지고 있습니다.

이 글을 쓰는 내내, 가슴 한편이 아려오는 것은 어쩔 수 없나 봅니다.

가여운 우리 엄마.

종아리를 매일 맞아도 좋으니, 그저 단 한 번이라도 환하게 웃던 엄마가, 내 큰 동생이... 사무치게 보고 싶습니다.

profile

윤평실
010-8946-3679
winps7@daun.net

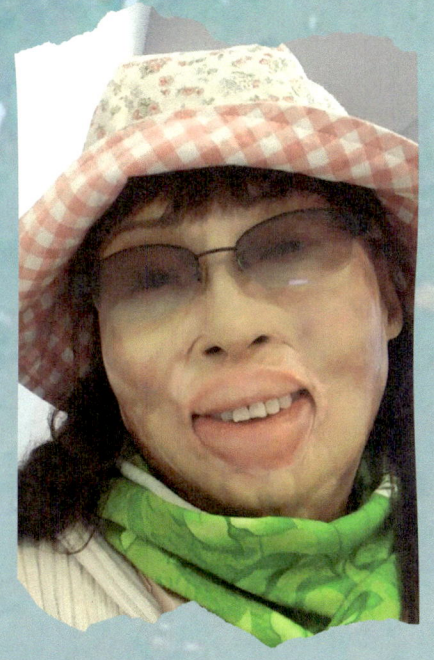

〈마음 한쪽, 햇살 하나〉

지은이 소개

햇살 비추는 나뭇잎 아래서 자연이 들려주는 속삭임을 시로 담습니다. 작은 풀잎 하나, 나비 한 마리, 환하게 웃음 짓는 꽃향기 속에서 세상보다 더 고운 감정을 발견하길 좋아합니다.

평범한 날들속에서도 감사할 것들을 찾고 아이처럼 놀라워하며 시로 웃고 시로 기도합니다. 지금은 작은 동화 같은 시를 쓰고 자연과 계절 그리고 믿음의 아름다움을 마음 닿는 이들과 나누고 있습니다.

꽃잎을 닮은 마음 하나로 세상에 따뜻한 빛을 전하고 싶어,시를 쓰고 민화를 그립니다. 화상의 사고로 얼굴과 양손이 불편하지만, 그 불편함 너머로 하나님이 주신 은혜와 감사를 더 깊이 배우며 "한국민화협회 여주시지회 회원"으로 매년 다수의 회원전에 참가하며 활동하고 있습니다.

소소한 일상의 순간들을 장애를 삶에 일부로 받아들이고 그 안에서 피어나는 은혜와 희망을 작은 언어와 색채로 나누고 있습니다.

개나리 진달래 벚꽃이 만발하여 우릴 기쁘게
하더니 연두 빛 작은 잎새들의 속삭임 속에
우리들의 이야기도 끼워주시니 고맙습니다.
타다 남은 조막손으로 붓을 들어 세상과 소통할
수 있어 행복하고 감사합니다.

- 윤평실 -

프롤로그

바닷가에서 조약돌을 줍드시

숲속에서 나뭇잎을 주워 바구니에 담드시 내 인생에서 예쁜 날들을 이 시 집에 담아 두었습니다.

때로는 내 삶에 우울했던 날도 햇살이 환하게 비추었던 날도 있었지요. 내리는 비를 맞으며, 불어오는 바람에 낮아지는 풀잎의 마음이 되기도 했답니다. 뜻밖의 사고로 장애인으로 살아오면서 감사와 긍정의 품성을 먼저 다가와 주시는 주님의 사랑으로 가꾸었습니다. 자연과 함께 공감하면서...

내가 아이들을 낳아 키우면서

그 아이들이 또 아이들을 낳아 키우면서 행복했던 시절들을 모아, 이 작은 조각들이 아픈 마음들에게 희망과 용기와 작은 위로가 되었으면 참 좋겠습니다.

1장. 자연

마음 한쪽, 햇살 하나

마음 한쪽이, 말했어요.
"나 조금 어두워졌어."

바람은 가만히 지나가고
나뭇잎 그림자가
속삭이듯 흔들렸지.

그때,
작은 햇살, 하나가
어두운 마음으로
내려왔어,
말없이 따뜻하게,

먼저 와주시는 주님의 사랑처럼
그 햇살 하나, 덕분에
마음 한쪽이 다시 숨을 쉬기 시작했지요.

풀잎처럼

바람이 속삭이자
풀잎들이 벌러덩~
드러누웠다.

나도 벌러덩~
드러누웠다.

하늘이 가까이 있다.

누운 그 자리에서
조금씩 나를 내려놓는다.

풀잎의 마음

바람이 스치면,
풀잎들이 드러눕는다.
잠시 귀 기울이고

나도 그 곁에 누워
푸른 숨결에 기대어 본다.
하늘은 멀고도 가까워
구름이 천천히 내 안을 건넌다.

사람들은 저마다
자기 목소리 높이며
고개를 들고 하늘보다 더 높아지려 한다.
풀잎은 스스로 접고
세상의 소리를 조용히 안는다.

가장 부드러운 것이 가장 깊은
지혜를 품고 있음을
나는 이제야 알 것 같다.

굴복이 아닌 겸손을
침묵 속에 피어나는
진짜 강함을….

오디 열매

어린 날, 여름 햇살 사이로
뽕나무 아래 모여
까만 열매를 손에 쥐었지

손가락 끝은 물감
입술은 진보라 웃음꽃
서로 얼굴 보며 깔깔깔 호호호

달콤한 향기 웃음소리
그날의 하늘도 바람도
우리 편이 되어 웃음꽃 흩날렸지.

지금도 생각나
오디보다 더 진한
진보라 물든 유년의 추억

누에고치

누에가 사각사각 뽕잎을 먹어요.
연둣빛 잎사귀 냠냠 쩝쩝,

뱃속에 가득 찬 단백질 에너지
'세리신' '피브로인' 비밀 실 공장이죠.

이제 슬슬 준비해요.
몸을 둥글게 말고 고치 안에 들어가 하얀 실을 뽑아요.

하루 이틀 사흘 동안 쉼 없이 이어지는
가느다란 그 실은 1킬로미터도 넘는다죠!

사람들은 누에고치 물에 담가 풀고 나서
부드러운 실크실로 고운비단 천을 만들어요.

옷이 되고,
이불 되고 반짝이는 넥타이도!
누에야 고마워!
뽕잎도 고마워!

단풍잎

푸른 옷 벗어
빨강 노랑 꼬까옷 입었네.

바람아 불지 마,

꼬까옷 떨어지면
부끄부끄
얼굴 빨개지네.

다섯 손가락
아가 손 책갈피
단짝 친구 되어주렴.

코스모스

산들산들 바람 품은
하늘하늘 코스모스
더워 더워 기다리는 가을
풀벌레 노래 듣다
길어진 목

우리 엄마 다정한 목소리인가 봐.

가을 느낌

하늘 햇살 바람
그들 모두
가을 가을 하다.
내 마음도 스멀스멀

친구가
올핸
가을 타지 마라
부탁했는데….

그래야겠지.
노력하는 중년

작은 풀꽃의 미소

작은 아주 작은
갓 태어난
아가의
손톱처럼

얇은 꽃잎들
하얀 눈송이
올망졸망 모여
'무엇이 그리도 바쁜가요?'
'저도 바라봐 주세요,
차가운 겨울의 눈보라 속
이겨내고,
이렇게 웃고 있어요.'

귀여운 풀꽃의 미소에
반해버린 내 마음….

이팝꽃 피는 날

이팝나무 가지마다
쌀빛 숨결이 피어오르고
산 넘어 불어온 바람이
하얀 꿈을 안고 온다.

누군가는 이 꽃을
쌀밥 꽃이라 부른다.
먹거리가 귀하던 시절
이팝나무 아래서
배고픔도
눈처럼 하얗게
내려앉은
꽃으로 달랬다지

오늘은 그냥,
그 하얀 마음 한 움큼
주머니 속에 담아본다.

비가 오는 날

쏴~~아 주룩주룩
시원한 소리
풀잎도, 나무도, 우물도 목말라했지요.

하늘이 물었어요.
'미안해…. 많이 기다렸지?.
톡톡톡 지붕에게 인사하고
또르르르~ 나뭇잎에 내려앉았어요.

마른 흙이 웃었고
잠자던 씨앗이 깨어났어요.
'으음 맛있어 쪽~~'
빗방울이 속삭였어요.
'기다려줘서 고마워,
이제 다시 예쁜 싹 피워보렴'

빗소리

오랜 가뭄 끝에
비가 온다.
베토벤 바하보다
더 멋진 연주가
지붕 위 창가에 퍼진다.

자연도 기쁜 듯
웃는 소리 함께 들린다.
'까르르 까르르~'
비의 노래에 내 마음도 같이
'까르르 까르르'

반가운 손님
버선발로 달려 나가
두 팔 벌려 외친다.
'비야~~ 비 님아~~ 사랑해!

풀피리

초록 잎 하나 따서
입술에 살짝 대고
후~~하고 불어 봐
들판이 노래를 하네
새소리 바람 소리
가느다란 풀잎 소리
나도 불고 메아리도 불고

햇살 사이로
해맑은 웃음소리
풀피리는 우리 마음
이어주는 타임머신인가 봐
풀피리

초록 잎 하나 따서
입술에 살짝 대고
후~~하고 불어 봐
들판이 노래를 하네
새소리 바람 소리
가느다란 풀잎 소리
나도 불고 메아리도 불고

햇살 사이로
해맑은 웃음소리
풀피리는 우리 마음
이어주는 타임머신인가 봐

금계국

한들한들 바람 따라
노란 웃음이 피어난다

언덕 위에 황금물결
바람에 자즈러지고

햇살에 노란 향기
마음 먼저 물들고
그리움도 고단함도
잠시 눈을 감는다

금계국 피는 언덕에서
사랑스러운 마음
바람에 실려 온다.

2장 사랑

비밀의 언덕

수천 송이의 노란 꽃이
언덕 위에 피었어요

"훈아, 민아, 수아, 초아, 로아야!
해님이 노란 별을 뿌려 놓았나 봐!"
"와! 할머니 온통 황금꽃이예요
예뻐요 그려볼래요"
아이들의 웃음소리에
바람도 미소 지으며 멈추었어요

꽃잎은 나폴나폴
햇살은 반짝반짝
그 속에 나도, 아이들도
쉿~~비밀스런 언덕에서
작은 속삭임을 들었어요

"안녕 작은 친구들.
우리는 슬픈 마음을 환하게
밝혀주는 기쁨의 등불이야!"
눈을 감고 꽃향기를 맡았어요

그날, 내 마음에도
노오란꽃이 소곤소곤 피어났지요

그네

훈아!
할미랑 그네 타면 좋아?
네,
시원한 바람도 좋아요!
할머니랑 누가 더 높이 올라가나
시합하니까요 하하하

할머니!
더 세게 굴러봐요!
별이 보여요
별 하나, 별 둘, 별 셋……

와!
까만 눈동자에
은구슬을 뿌려놓았네

우주여행

훈아!
여행가니까 좋았어?
네 홍콩은 멋있어요
그래...

지금도 우리 가족은 여행 중이야
하늘로 가는..........

하늘에 가면 보석으로 꾸며진 집
금거리, 생명과, 생명수가 있대요
우리는 날개를 선물로 받는단다
와! 정말요? 멋있어요!!

행복한 우주여행
지구별에 사는 동안
예쁜꽃 피고, 열매 맺는
꽃씨를 뿌리며 살자.

훈아!
꽃씨에 물 젖어,
파란 희망의 꿈, 피어나고
튼실한 열매 되렴!!

할머니의 몽당손

엄마
할머니 손이 왜 이레요?
아파서
왜 아파요?
데어서
왜 데어요?
주유소에서 기사 아저씨가
가스라이터를 켜서
왜요?
실수를 해서..
왜 실수를 해요?
꼬리 없는 질문..

할머니 얼른 도망쳐야지
그렇구나!
도망쳤어야 했는데....
할머니 응?
그래도 괜찮아요
난 할머니가 예뻐요!
정말?
할머니는 못 하는 게 없잖아요.
좀비가 못 오게, 훈이와 수아가
할머니 지켜줄 거예요
놀이터에 놀러 가요
휘리릭 쪼르르
그네, 미끄럼, 시이소, 바람, 햇살,
강아지들의 웃음소리

운동회 날

오늘은 만국기 펄럭이는
온 동네 잔칫날
달리기에서 일 등 해야지
4등을 넘지 못하네
꼴찌는 면했다고
엄마 얼굴은 함박꽃

울 엄마 도시락엔
온갖 사랑 가득 담긴
우리 막둥이 좋아하는
뽀빠이, 설탕옷 입은 꽈베기
옹기종기 모여있는 김밥 가족들……

연필

요술쟁이 연필
꼬물꼬물 그림도 그리고
내 마음 담은
글씨도 거뜬히,

알록달록 예쁜 나무속
까만 심지는
내마음 무지개 꿈,
나폴나폴 펼쳐지는
행복한 멋쟁이

아가의 마음

금 간 꽃병이
소리 없이 아파해요
유리알처럼 맑은
아가의 눈동자
그 속에 우주가 들어있어요
행여 깨질까
꽃으로도 때리지 마세요

아이스 크림

새콤달콤 아이스크림
입안 가득 향기 풍기네.

먹고 또 먹고
입술은 온통
부드러운 크림꽃.

생강맛

빨간 옷 입혀 김치를 버무린다.
톡, 화 하게 입안 한가득~
쌉싸름한 생강맛
'먹어봐'
와! 엄마 맛이네~~
해맑은 아우의 웃음

금세, 주름진 엄마 얼굴
두 눈 속에 이슬 맺히네
감기에 좋다고
유난히 많이 넣어 만든 김치
덜 찧은 알갱이
엄마표 사랑의 묘약
보고픈 마음 파도되어 밀려오네.

마음 한쪽, 햇살 하나 145

엄마의 방

한 쌍의 봉황이
오동나무 그늘아래
열애를 하고
어머님 아버님
금침 베게 베고 누워
부부 금실 좋아라.

네모난 베게 모서리 세워
오방색 색체에 황홀했던
어린 날의 아련한 추억에 젖어,
오늘도 나는 오방색 물감 놀이
우리의 옛 그림 속에서
행복하여라.

마음 한쪽, 햇살 하나 147

민화 우리 그림

모란의 화려함에 빠져
나비 되어 날으며
십장생의
해, 달, 솔, 바람, 구름, 사슴, 거북, 불로초
그리다 보면
온 세상 속속들이 여행하네!

언니의 혼례 날

황홀한 색채에
내 마음 설레이던 유년의 추억
언니의 신혼에
달콤한 향기
부디 백년해로하소서!

인생

왜 이리 마음이 앞서가는 걸까?
읽을 책 잔뜩 꺼내놓고
숙제처럼 짐이 된 가슴앓이
누군가가
몇 살이냐?
묻길래
60을 넘겼노라 했더니
이제부터 발악을 할 때라고..........
하고 싶은 일 많아도

차마 다 못하고 가는 것이
인생인가 봐
바람이 분다.

아들

첫 아이 낳아
깍아논 밤톨처럼 야무진게
세상에서 내 새끼가 제일 예쁘더라
조잘거리며 말도 빨리하더니
어느새 어른 되어
세 공주 아빠 되니
꼭 닮은 붕어빵
오목조목 재잘재잘
아빠 닮아 말도 잘하네

엄마의 아들이어서 참 좋아
이 세상 소풍 끝나면
내 마음 푸른 하늘에 두둥실
생명수 강 흐르고
보석으로 꾸민 금거리 걸으며
올망졸망 ,이쁜 내 강아지들과
아름다운 우리 본향 가자꾸나
주님이 예비하신 집으로 가자.

선물

나이 들어가며 맞이하는 하루가
너무나 소중하고 사랑스러워
내 볼에 입맞춤하는 바람
따스한 햇살
싱그러운 봄 내음
안부를 전해 오는 카톡
살아있으니 감사
내 가진 것 많아
오늘도 하루가 내겐 선물이었네

뽕잎을 먹은 누에고치

연둣빛 녹음은 내게로 다가왔다 뽕잎 한 장,
그 속삭임을 나는 천천히 베어 물었다
몸속 어딘가에서 초록은 흰 실이 되어 자라고 고요히 나를 감싸며
한 겹, 또 한 겹 세상을 지운다.

세상은 보이지 않지만 내 안엔 실핏줄처럼
반짝이는 무수한 길이 생겨난다.
아무도 밟지 못한, 나만의 길
나는 잎을 먹고, 침묵을 통해 빛보다 가는 선율을 만든다. 사람들은
그걸 실크라 부르지만 나는 그것을
― 내 생의 노래라 부르리.

154 내 안의 빛을 꺼내어 쓰다

뽀빠이와 별사탕

오늘 오후는 세 공주가 오는 날이다
손에는 뽀빠이 봉지 하나 그리고 별사탕 봉지 하나 따로 들었다

아니나 다를까 내가 아들 키울 때와 똑 닮았다
고소한 뽀빠이 그 속에 꼭꼭 숨겨진 별사탕
지금 내 손녀딸들도 그 시절 아빠처럼 별사탕만 쏙쏙 골라 먹는다

아이들이 자라는 모습은 예나 지금이나 그리 다르지 않다
문화는 바뀌어도 아이들의 손은 여전히 작고, 눈망울은 맑고 반짝인다

나도 그 시절을 떠올리며 뽀빠이 하나를 뜯는다
귀여운 아이들과 함께 고소하고 달콤한 추억이 입안 가득 고인다

지금이 좋은 때다

코로나19로 모두가 힘들다고 하지만, 서로를 걱정해 주고 위로하고
염려해 주는 지금이 좋은 때다.

마스크를 쓰고 손을 씻고 거리를 두고 비대면으로 살아가지만,
마음만은 더 가까워진 지금이 좋은 때다.

불편한 마스크 넘어, 말없이 서로를 이해하는 침묵의 시간조차
지금이 좋은 때다.

잠시나마 지구의 생명들이 느긋해지고, 숨을 쉴 수 있는 공존의
기쁨을 누리는 지금이, 정말 좋은 때다

꽃비 속을 걷던 날

벚꽃 흩날리던 날
너의 작은 손을
꼭 잡았지

햇살은 웃음꽃
꽃잎은 나풀나풀
예쁜 '민'이 보조개는
애교 만점!!

"할머니, 눈이 와요!"
너의 눈빛 속에
봄이 피었구나

그날,
우리 둘이 맞은
분홍빛 꽃비
내 마음엔
아직도 내리고 있단다

마음의 온도

한마디 말에
봄이 피어오르고

손 한번 잡아주면
겨울이 녹아내리고

차가운 세상도
따뜻해 지는 건

서로를 감싸안아 주는
작은 마음의 온도일 거야

가을이 깃든 오후

손자녀들과
집 앞 나드리 길에
가을 햇살 따사로운 기운으로
주의 사랑 가득히
행복해지는
사랑하는 이들이 곁에 있다는 건
축복이다

에필로그

햇살 한 줌, 마음 한쪽에 남기며….

어느 날 오디를 먹다가 진보랏빛 입술로 웃던 어린 시절이 떠올랐지요. 또 어떤 날엔 누에고치 안에서 실이 되어 나오는 기다림을 내 마음에 껴안기도 했고요.

아이들의 웃음소리에 행복했답니다. 바짝 마른 마음에 단비처럼 주님의 사랑은 내 마음에 햇살 되어 눈부시게 했어요.

이 시들은 그렇게 찾아온 순간들을 담아낸 마음의 조각이에요.

이제 책을 덮는 당신의 마음에 햇살 한 줌 내려앉기를, 바람 한 줄기 스치듯 주님의 사랑이 스며들기를 바랍니다.

읽어 주셔서 고맙습니다.

profile

황석우
010-9936-5898
swlove68@daum.net

〈나, 휠체어 타고 여행 간다!!〉

지은이 소개

1997년 3월 교통사고로 경추 골절과 뇌좌상으로 중증 지체장애인이 됨.

사고 후 전신마비 장애인이 된 상태에 억울한 가해자의 누명을 쓰고 대법원까지 가야 하는 법정 다툼을 하게 됐고, 누명(피의자가 됨) 때문에 비급여가 많아 병원비(1주마다 400~600만 원)를 감당할 수 없는 처지였다. 병원 생활 15개월 동안 쓸 수 있는 돈이 없어 비참한 신세로 살아갔지만 이마저도 기적이었다.

병원 생활이 끝나고 고등법원에서 재판이 진행되고 있을 때 가해자(운전자)의 부모로부터 진심 어린 사과를 받아냈고, 거액의 합의금이 생기면서 가족들과의 불화가 수시로 생기게 됐고, 결국 전신마비의 몸으로 도망치듯 집을 나와 몇 곳의 시설을 전전하다 여주의 노인병원에서 생활하게 됨.

여주에서 독립된 생활을 하며, 사이버대학에서 사회복지사와 평생교육사 자격증을 취득했다. 내가 그토록 바래 왔던 독립된 생활을 하게 되면서 독서 모임과 글공부를 7~8년 지도했고, '버팀목 장애인 야학'에서 2019~2024년까지 교장직을 역임함.

여주시장애인자립생활센터에서 2014년 여주초등학교를 시작으로 10여 년간 장애인 인권 강사로 활동했고, 여주시 장애인복지관에서는 '소리향기'란 모니터링단을 통해 복지관 내부를 시작으로 현재는 여주 중심가 등에서 편의시설 등을 모니터링하고 있으며, '무장애 환경 만들기' 성과공유회 사례발표 견학을 위해 2025년 5월 13일 시흥장애인종합복지관에 다녀옴.

2024년 서연하 강사의 지도 가운데 5명의 중증장애인이 공저로 '삶의 다섯 조각; 기억 그리고 희망'을 종이책으로 만들어 11월 북콘서트를 하였고, 2025년 서연하 강사의 지도로 나만의 전자책 '나, 휠체어 타고 여행 간다!!'를 5권의 시리즈로 쓰고 있다.

중도 장애인이 된 후 '변화된 삶과 세상 속에서 함께 살아가기' 그리고, '중증장애인의 여행 꿀팁'을 나누고자 한다. '장애인의 삶'이란 당사자가 아니면 이해 불가한 것이다. 부디 이 글을 통해 '장애인들이 자유스럽게 외출도 하고 여행을 즐길 수 있는 세상이 된다면' 그리고, 비장애인들에게는 '장애인의 삶을 조금이라도 이해하고, 가까이 다가갈 수 있는 매체가 될 수 있다.'면 더 이상 바랄 게 없다.

프롤로그

나 같이 경추손상으로 살아가는 중증 지체장애인은 목 아래로는 모두 마비가 되었기에 일상생활에서 모든 것을 도움을 받아야 한다. 휠체어를 타고 내리는 것도 모두 도움이 필요하기에 여행을 간다는 게 말처럼 쉽지 않다.

중도 장애인의 경우 이전과는 전혀 다른 신세계(??)를 경험해야 한다. (사고로 한 달 만에 의식을 깨고 보니 내가 주류였던 세상이 신기루처럼 사라지고, 마치 영화 '혹성탈출'처럼 원숭이(또 다른 주류)가 지배하는 세상에서 살아가는 듯한 딱 그런 느낌이었다.)

또한, 자신의 장애를 받아들이기까지 고통 속에 살아가게 된다. 어떤 계기로 장애인이 됐음을 받아들이게 되면 (환경은 똑같지만) 새로운 세상에 적응해 가며 인생 2막을 살아가는 것 같다. 이때 여행은 내게 있어 또 다른 경험이자 세상으로의 도전으로 여겨졌다.

사실 현재의 대한민국은 모든 건물, 식당, 심지어 관공서까지도 비장애인에 맞춰 설계되다 보니 장애인들은 하루하루 살아가는 것이 너무도 팍팍하다. 그래서 '편의시설을 잘 갖춰야 한다.'라고 하는 것인데, 이는 그 누구도 차별받지 않는 세상을 위함이다.

사고 후 인천에 입원했을 때 친구가 데리고 간 첫 외출이 월미도였다. 목포 놈이라 오랜만에 바다 내음을 맡아 너무도 좋았다. 그런데, 횟집에서의 나쁜 기억 때문에 다시는 외출하지 않겠다고 다짐했지만, 친구는 병원에 올 때마다 '외출하지 않겠다.'라는 나를 자기 맘대로 끌고 나갔고, 그렇게 몇 차례 다니다 보니 외출이 자연스러워졌다. 그 외출은 자연스럽게 여행으로 이어졌고, 한번이 어려웠지, 몇 차례 다녀오면서 여행은 예전(장애인이 되기 전)처럼 자연스러운 일상이 되었다.

나의 여행은 '(듣도 보도 못한) 먹방 여행'으로 지방의 제철 음식과 그곳에서만 먹을 수 있는 음식들이다. 먹는데 많은 경비가 들긴 하지만 함께 간 일행들의 만족도는 항상 90점 이상이었다.

그리고, 전동휠체어로 외출과 여행을 다니면서 느꼈던 점을 나누고, 혹시 집이나 시설에서 꼼짝하지 않고 몸과 마음이 갇혀 있는 중증장애인들에게 세상 밖으로 나올 수 있는 단초가 되었으면 하는 마음으로 이 글을 쓴다.

내가 잘났거나 모든 걸 알아서 쓴 것이 아니라 중증지체장애인으로 살면서 평소 겪고 있는 삶을 기반으로 한 개인적 견해와 실제적 현실을 담고 있음을 밝힌다.

여행!! 중증장애인도 즐길 수 있다.

① 여행이 현실이 되기 위해:
 (장애 정도가 심할수록) 적극적으로 도움을 줄 수 있는 가족이나 친구의 도움이 필수적이다. 만약 떠났다면 여행의 유의미한 첫걸음을 뗀 것이다. 계속 도전한다면 어느 순간 일상의 한 부분이 될 수 있다.

② 두려움 속 나만의 여행:

중증장애인의 경우 처음 여행을 떠나게 되면 막연한 두려움은 당연하고, 이때의 경험이 매우 중요하다. 나의 첫 여행은 내 몸의 상태를 잘 알고 있는 가족들과 몇 차례 다녀왔고, 그 후엔 친구들이 동행해서 여행이 좋은 경험으로 남았기에 막연한 두려움을 떨쳐 낼 수 있었다.

③ 휠체어 장애인과 비장애인이 함께 떠나는 여행:

내 경우는 여행을 가려면 2~5명의 동반자와 함께 떠난다. 올 4월 나를 돕는 활지사님들과 함께 떠났는데 그분들은 내 생활 루틴을 잘 알고 있기에 3박 4일의 일정으로 다녀왔다. 각자 돕는 역할을 분담하고, 때론 협력해서 즐거운 여행이 됐다.

④ 정보 탐색은 필수:

나의 경우 몇 명과 어디로 며칠을 갈 건지를 함께 상의한 후 예산에 맞춰 40~50일 전부터 포털 사이트에서 여행지와 식당, 숙소 등을 검색하고, 최근의 후기를 참고해서 메모해 놓는다. 숙소는 '조식 포함 가격'인지 등을 참고해서 홈피가 있는지와 여러 여행사이트를 알아보고, 예약하면 좀 더 저렴한 조건으로 구할 수 있다. 대개 숙소 취소는 일주일 전까지는 무료 환불이 가능하니 이 부분도 꼭 확인하길 바란다.

꼼꼼히 확인했다고 해도 막상 여행지에 가보면 예상 밖의 일로 멘붕되는 경우가 가끔 있기에 장애인 편의시설 유무, 접근성 등을 확인한 후 예약한다.

 장애인이 여행을 가려면 많은 것들을 준비해야 한다. 비장애인은 신경 쓰지 않아도 되는 것들을 중증 지체장애인은 꼼꼼히 살펴야 하는 경우가 너무도 많다. 턱이나 계단이 있다면 수동휠체어야 몇 명이 들으면 상관없지만, 전동휠체어는 무거워서 이러지도 저러지도 못하는 갑갑한 상황이 된다.

 이런 경험 때문에 여행을 포기하든지 아니면 좀 더 촘촘히 여행 준비하게 된다. 실패는 성공의 어머니라고 했던가. (난 참 유식한 것 같아!!).

 여행지에서 낭패당하거나 다양한 상황들을 경험하면서 다음 여행 때는 준비물도 잘 챙겨가고, 무엇이 필요한지 자신만의 노하우가 생긴다. 이런 준비는 당사자가 가장 잘 알기에 본인이 잘 챙겨야 하며, 비장애인 동반자에게 잘 설명해 준다면 다음 여행을 좀 더 즐겁게 떠날 수 있을 것이다.

사고 후 내 첫 여행은 수동휠체어를 싣고 아무 계획 없이 구경 다녔다. 여행은 친부모님과 운전해 주시는 목포 아버님 내외(목포에 사시는 아버님 내외분은 친부모처럼 날 대해 주셔서 목포 아버님이라고 한다)와 다녔다.

　목포 아버님은 전국 각지를 다니며 수석을 모으신 분이라 이동할 수 있는 곳을 잘 알고 계셨다. 그런데, 막상 현장에 가보면 "휠체어를 타고 다닐 수 없는 곳이 너무도 많다. 나는 그것을 이제야 알았다."라고 말씀하셨다.

　장애인이 된 나를 데리고 이동하는 것은 전혀 다른 경험이었기에 놀라시는 일들이 많았다. 그런데도 난 여행 자체가 즐거웠다.

휠체어를 타고 여행을 다니면 많은 돌발 상황들이 벌어지기에 자기 몸 상태를 잘 아는 분들과 함께 가길 추천한다.

여행지도 휠체어로 함께 갈 수 있는 곳들이 최근에 많아졌다.

휠체어를 타고 유람선을 탈 수도 있고, 케이블카도 이용할 수 있고, 산림청의 '숲체원'은 전국 여러 곳에 있는데 산을 따라 데크 길을 만들어 놓아 산 정상까지 오를 수 있다.

또 요즘은 강과 산을 끼고 출렁다리를 만들어 놓은 곳도 꽤 있다. 내가 살고 있는 경기도 여주시(여수시 아님)도 25년 5월에 '관광원년 선포식'과 함께 남한강 출렁다리를 개방했고, 야경도 예쁘니 구경 한번 오시는 것도 좋을 듯하다.

"이런 곳은 처음이야!"
지방 여행에서 만난 현실적인 벽

① 휠체어 진입 불가라니 "배가 고프니 더 서럽네!!":

 전동휠체어의 경우 턱이 높거나 문의 좌우 폭이 좁으면 아예 진입할 수 없다. 또한, 식당에 들어갔는데 통로가 좁으면 서로 불편해서 한숨만 쉬어야 하는 상황이 된다. 얼마 전 강릉에 갔을 때 딱 그런 경우였다. 본인들이야 예측을 못 해 짜증스러운 말투로 응대했겠지만 당하는 내 입장은 썩 기분이 좋지 않았다.

난 수동휠체어를 타고 있었는데 통로가 약간 비좁다 보니 음식을 나르는 카가 휠체어 손잡이에 자꾸 걸려서 불편한 듯했다. 자기들이 좁으면 먼저 양해를 구했으면 좋았을 것을 휠체어를 탄 내게 지시하듯 "안쪽으로 들어가세요"라고 했다. 좁은 탁자 사이를 걸어서 들어가란 건가??? 황당 그 자체였다.

바빠서 그랬는지 말투도 거슬렸다. 탁자를 앞으로 밀어서 뒷공간을 확보해 주었음에도 다니면서 휠체어 손잡이를 몇 차례 치고 다녔다. 그런데도 아무렇지 않은 듯 미안해하지도 않았다. 모처럼 장애인 몇 명에게 식사와 여행을 준비해 주신 분들이 계셔서 조용히 있긴 했지만, 안하무인(眼下無人. 남을 업신여김)의 극치를 경험한 불친절 식당이었다. 내 잘못도 아닌데 그런 불친절을 경험해야 하는 게 장애인이다.

가끔이지만 이런 상황은 어디서나 있기에 여행을 갈 땐 난 준비 작업을 꼭 하는데 '가야 할 식당과 호텔은 리뷰와 사진 등을 최대한으로 모아 꼼꼼히 살펴본다.' 재작년 광주 상무지구에 호텔을 잡았는데, 근처에 전라도식 오리탕을 잘하는 식당이 있었다. 난 확인차 식당 몇 개의 후기 사진을 확인했는데 문 앞에 아무런 턱이 없어 광주 친구 동국이에게 "괜찮다."라고 했더니 친구가 예약 해놨다. 그런데, 막상 가보니 문 안쪽으로 계단이 몇 개 있었고, 상당히 높아서 답답한 상황이 됐다.

(사진 출처: 한겨레신문. 남도 미식 여행. 전라도식 오리탕. 2025/3/20)

  신도심이라 근처에 식당은 많았지만, 전라남도에서만 먹을 수 있는 음식이었고, 같이 간 분들에게 맛 자랑까지 해 놨으니 포기할 수가 없었다. 그래서 입구에서 친구를 기다리고 있었는데, 식사하던 젊은 손님 몇 분이 "도와드릴까요?"라고 먼저 다가와 도움을 줘서 새털처럼(이렇게 무거운 새털은 처음!!) 가볍게 들어올려 예약석에 앉았다.

  그리고, 맛있게 식사한 후 또 다른 손님들의 도움을 받아 식당을 무사히 빠져나올 수 있었다. 동행했던 선생님들이 "너무 맛있다"고 '엄지척'을 해줬고, 심지어 오리 특유의 냄새 때문에 안 먹겠다고 땡깡을 부리던 선생님은 "세상에 이런 오리탕이 있는지 몰랐다." 라면서 "너무 맛있다"고 칭찬해 줘서 뿌듯했다.

도움을 주신 손님들께 진심으로 감사드리고, 전남에 여행 가시면 '전라도식 오리탕' 강추합니다. 역쉬~~ 음식도 인심도 전라도여 ㅋㅋ

② 전동휠체어 이용자는 "참든지 집 밖으로 나오지 말든지"

외출이나 여행을 다녀본 분들은 잘 아시겠지만, 자기 거주지나 지방을 다녀보면 장애인 화장실을 찾기가 너무도 힘들다. 말만 장애인 화장실이지 이용 불가능한 곳이 태반이다.

특히 전동휠체어가 들어갈 수 있는 경우는 거의 전무에 가깝다. 나는 타지에 갈 땐 주변에 관광지나 장애인 관련 기관, 관공서, 대형마트 등이 있는지 '꼭' 확인하는데, 막상 가보면 그곳마저도 들어갈 수 없는 경우도 꽤 있다.

지은 지 얼마 되지 않은 관공서나 건물의 장애인 화장실조차 수동휠체어가 기준인 듯 화장실 안이 너무도 비좁아 전동휠체어가 들어가기도 힘들고, 그 안에서 회전해야 빠져나올 수 있는데 그렇지 못한 경우가 너무도 많다.

마치 '전동휠체어 탄 인간들은 집 밖으로 나오지 말거라. 나오려면 싸지 말고 참았다가 집에 가서 해결해!!'라고 말하는 것 같다. (요거 환청 절대 아님.)

나는 소변 백(명품 백 절대 아님!!)을 항상 착용하는데 정 급할 땐 하수구를 찾아 노상 방뇨하기도 한다. 이것이 갑갑한 중증장애인의 현실이다. 그래서, 마비로 인해 스스로 소변을 누지 못하는 장애인들은 여행하는 동안 소변 백을 착용하기도 한다.

③ 아름다운 풍경. 그러나 내겐 그림의 떡 ㅠㅠ !!:

이번 여행 중 이런 경험을 했다. '2025년 꼭 가봐야 할 10대 수목원'으로 국내 최대, 최다 품종 수국정원으로 6만여 평의 숲과 1만 평 규모의 수국밭을 자랑하는 곳이라 가볼 만한 여행지로 선정된 곳이다. 아름다운 꽃들과 희귀 식물들이 즐비하고, 포토존도 군데군데 있어 여유롭게 자연을 즐기며 힐링할 수 있고, 4계절 내내 축제가 펼쳐지는 해남의 유명한 수목원이었다.

이곳은 식물학을 전공한 부부가 조성했는데 '2019년 해남 최초 민간 사립수목원'으로 등록됐으며, 해남군과 한국관광공사 광주, 전남지부가 광주, 전남 대표 관광지로 육성해 나갈 계획이란 기사도 있었고 (쿠키뉴스. 2021.1.22.),

| 봄꽃 축제 | 수국 축제 |
| spring flower festival | Hydrangea Flower Festival |

(사진 출처: www.4est 수목원.com)

  산림 생명 자원 관리기관에 이어 산림청 국립수목원으로부터 '국가 희귀, 특산식물 보전기관'으로 지정한 곳이기도 했다. (뉴시스. 2024.12.12).

| 가을꽃 축제 | 사계절 풍경 |
| Fall Flower Festival | Four Seasons Scenery |

(사진 출처: www.4est 수목원.com)

우리가 수목원에 도착할 무렵 수목원 입구 주차장에서 서울에서 아침 일찍 출발해서 왔다는 노부부를 만났는데, '이곳에만 있는 꽃을 보러 왔다.'라며 되게 좋아했다. 그분들은 계단으로 먼저 올라갔고, 우린 경사로를 따라 올라갔다.

노부부를 매표소 앞에서 만났는데 oo 장미(?)가 입구에 있는 것이 전부이고, 수목원에 더 올라가도 조금밖에 없다는 말에 너무 실망했다고 하면서 "다시 서울로 가야겠다."라며 그냥 가 버렸다. 아마도 oo 장미 군락지를 보려고 새벽에 출발해서 먼 길을 왔는데 조금밖에 없다는 말에 너무도 실망했나 보다.

수목원은 경사가 너무 심해 전동휠체어를 탄 나는 함께 간 남자 활지사 2분의 도움을 받고 올라갔는데 내려올 걸 생각하니 더는 안 되겠다 싶어 조금 올라가다 한쪽 평평한 곳에 머물렀다. 활지사님들께 "난 여기 있을 테니 올라가서 구경하고 오세요."라고 했는데

"그냥 여기서 같이 쉬었다 내려가자"라고 해서 그 자리에 함께 머물게 됐다.

전날 저녁 식사 자리에서 광주에 사는 어머니와 여동생의 권유로 원래 계획을 재빨리 바꿔서 함평 '나비축제'에 갔다가 '해남 수목원'에 좀 늦은 시간에 도착했다. 그리고, 해남에 예약한 토종닭 집이 20시 30분까지만 식사 가능하다고 해서 숙소에서 좀 쉬었다 가면 늦어질 것 같아 수목원에 잠시 머물면서 이런저런 얘기를 나눴다.

그리고, 전날 광주 숙소에 찾아온 친구(동국이)가 일부러 유명 제과점에 가서 샀다는 빵을 나눠 먹으면서 잠시 힐링의 시간을 보내고 내려왔다. (난 휠체어를 7시간 넘게 타고 있으면 허리와 무릎에 통증이 더 심해지고, 피곤이 몰려와 지방으로 여행을 가면 중간에 꼭 1시간 정도 누웠다 다시 이동한다. 그래서 가볼 만한 곳과 식당 가까이에 숙소를 잡는다.)

해남 수목원은 화장실도 산책길엔 없고, 입구에 한 곳뿐이라고 했다. 입장료도 조금 비싸다는 생각이 들었던 것이 휠체어 장애인은 이용하기 어렵다는 것을 미리 알았더라면 굳이 돈을 내고 올라가지 않았을 것이다. 또한, 장애인과 경로우대 모두 개인당 할인이 2천 원밖에 되지 않아 30~40분 정도 머물다 오기엔 본전 생각도 났다. 솔직히 너무 실망스러워 더 그랬던 것 같다.

'광주, 전남지부가 광주, 전남 대표 관광지로 육성해 나갈 계획'이란 기사를 보고 잔뜩 기대했었는데, 휠체어가 다닐 수 없으니, 실망이 클 수밖에 없었다. '육성 계획을 취소하든지' 아니면 광주, 전남의 대표 관광지로 육성하려면 '휠체어도 자유스럽게 다닐 수 있으면 좋겠지만 그게 아니라면 휠체어는 다닐 수 없다.'라는 문구라도 써놨으면 좋겠다. 그리고, 전남 대표 관광지로 육성하려면 화장실은 당연히 곳곳에 만들었으면 한다.'

해남 수목원은 '수목원 전체가 평지 기반 코스'로 휠체어와 유모차도 큰 불편 없이 이용 가능하단 리뷰를 보고 잔뜩 기대하고 간 곳이었다. 그런데, 막상 올라가 보니 숲 사이에 듬성듬성 있는 포토존은 좁은 데다 계단식으로 이어져 전동 휠체어는 접근조차 할 수 없었다.

나, 휠체어 타고 여행 간다!! 179

'기대가 크면 실망도 큰 법' 전동휠체어 이용자는 정말 그림의 떡과 같은 곳이었다. 아마도 비장애인의 기준으로 보니까 '수목원 전체가 평지 기반 코스'라는 말도 되지 않는 리뷰를 쓴 것 같다.

(사진 출처: www.4est수목원.com/)

④ 장애인들의 외출만으로도 환경을 바꿔 갈 수 있다.

이처럼 비장애인은 절대 보지 못하는 곳들이 꽤 있다. 그래서 장애인들이 외출도 하고 여행도 다니면서 불편한 곳은 인터넷 신문고 같은 곳에 글도 올리고, 자신이 거주하는 곳에서 개선해야 할 곳이 있다면 관계 기관 등에 연락해서 편의시설이 개선되어 졌으면 한다.

그래서 모든 장애인이 자기 거주지에서 여러 활동을 통해 편의시설 등을 바꿔나가면 전국 어디서나 편하게 이동하고, 쉴 수 있는 곳이 되지 않을까 싶다. 혼자의 힘은 약하지만 여러 명이 함께 소힘을 모은다면 상황은 바뀔 수도 있다. 그 역시 우리의 몫이다.

그리고, 여행 경험이 작은 휠체어 이용자에게 당부드리는 점은 여행 전에 충분히 검색하고 검토를 확인했음에도 이렇게 당황스러운 곳도 있을 수 있다는 점을 염두에 두셨으면 한다.

⑤ 그림의 떡

중증 지체장애인에겐 여행 자체가 그림의 떡인 곳이 80% 이상(지극히 개인적 생각) 이라는 생각이다. 최근에 만들어진 곳은 그나마 좀 낫긴 하지만 전동휠체어를 타는 지체장애인에게는 어느 곳 하나 만만한 곳이 없다. 그래서 여행을 계획하면 좀 더 꼼꼼하게 점검하는 버릇이 생긴 것 같다.

당황스러운 순간, 어떻게 해!!
예상치 못한 문제 발생 시

① 주의해야 할 곳

 턱이 있고, 경사가 심한 곳은 매우 주의해야 한다. 턱도 위험하지만, 경사가 심한 곳을 혼자 내려갈 때 한번 미끄러지면 제어할 방법이 없다. (휠체어가 아닌 타이어가 미끄러지는 거라 장정 3~4명이 잡아줘야 한다) 그래서 경사가 심한 곳은 정말 주의해야 한다.

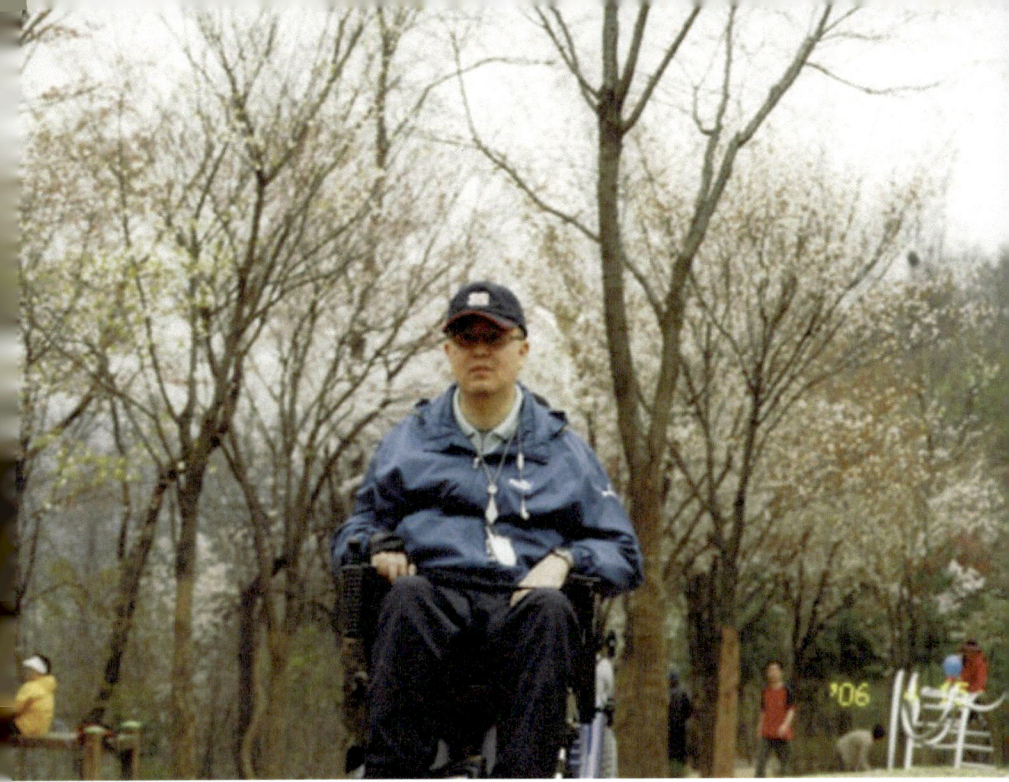

(부천 원미산 봄꽃 축제)

  예전에 부천 중동의 아파트 사잇길에 있는 턱을 넘어가다 순식간에 그대로 뒤로 넘어졌던 경험이 두어 번 있어서 정말 주의해서 다닌다. 그중 한 번은 휠체어가 뒤로 넘어지자 같이 가던 어머니가 잡으려다 넘어진 휠체어 밑에 손가락뼈가 눌리면서 손가락 골절이 되어 수술해야 했다. 그 후론 불편해서 떼어버렸던 안전 보조 바퀴를 꼭 채워서 다닌다.

  그리고, 2년 전쯤 경사가 급한 곳을 혼자 내려가다 (눈썰매처럼) 쭉~~ 미끄러져 옆으로 전복될 뻔한 일도 있었다. 부천 중동에 살던 20여 년 전 봄에 원미산에 사촌 동생과 꽃구경을 마치고, 내려가다 사촌 동생이 휠체어를 붙잡고 있었음에도 워낙 경사가 심하다 보니 미끄러져 길옆 푹 파인 하수구에 처박힐 뻔한 일도 있었다. 다행히 지나가던 몇 명의 남자분들이 같이 잡아줘서 위기를 넘기기도 했다.

 이처럼 전동휠체어를 타고 가다 뒤로 넘어지는 일도 있었고, 가파른 길에서 미끄러졌던 경험들이 트라우마로 남아서인지 턱이 있거나 경사가 심한 길을 갈 때는 굉장히 조심하는 습관이 생겼다.

② 또 다른 당황스러웠던 에피소드

 외국에 한 번도 가보질 못해 죽기 전에 해외여행 한번 가는 것이 내 최고의 버킷리스트였다. 5~6년 전 여주의 선교단체에서 중국에 갔는데 누울 수 있는 휠체어를 장애인복지관에서 빌려 갔다. 자금성을 갔는데 길바닥이 울퉁불퉁했다. 여기저기 구경하러 다니다 바퀴가 덜컹거리더니 앞바퀴 지지대가 부러지면서 앞바퀴가 빠져버렸다.

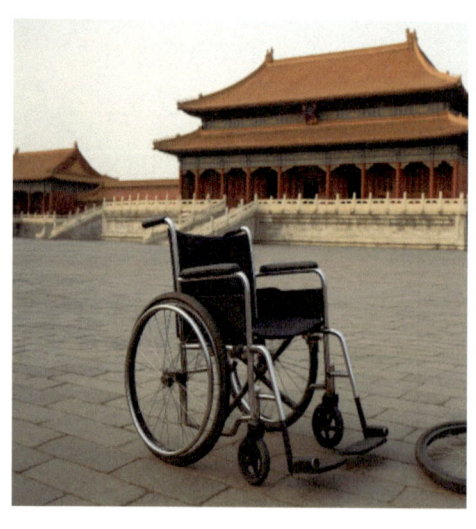

184 내 안의 빛을 꺼내어 쓰다

그 자리에 꼼짝 못 하고 앉아 있어야 했고, 우리 여행을 이끄신 목사님이 휠체어 상태를 보고 함께 갔던 분들의 도움으로 겨우 숙소까지 오게 됐다. 문제는 '숙소 부근에 휠체어를 판매, 수리하는 곳이 없다.'라고 해서 매우 당황스러웠는데, 나에겐 발과 다름없는 것이 부러져 버렸으니, 침대에 누워만 있게 됐다. 누워있자니 쓸데없는 잡생각만 가득했다.

'혹시 중국에 와서 날 버리고 가면 어쩌나!! 나나 휠체어나 똑같은 마비 신세네' ㅠㅠ

나 때문에 모든 일정이 뒤죽박죽될 상황이었다. 현지 선교사님이 수소문해서 (예전 우리나라의 철공소 비슷한 곳) 에서 고쳐 왔는데 너무도 완벽했다. ('엄지척'해 주고 싶었지만, 손가락이 마비돼서 해 줄 수가 없었다. 누군진 모르겠지만 참 대단하고, 감사했다.)

③ 돌발상황

여행을 가다 보면 생각지도 못한 상황들이 많이 발생한다. (심한 장애인은 더더욱 그렇다) 고속도로에서 공사를 하거나 교통사고나 차량정체 아니면 길을 잘못 들어서 시간이 많이 지체되는 경우가 발생한다.

이럴 땐 여행지로 가는 동선에서 소요된 시간만큼 볼만한 곳의 시간을 줄이거나 많이 늦어졌다 싶으면 쿨하게 패스하면 된다.

어차피 그날의 최종 목적지는 숙소니까. (난 항상 먹방 여행을 가는데 정말 방법이 없는 경우가 아니면 계획했던 식당은 꼭 간다.)

여행은 어떤 식으로든 목적이 있다. 난 '먹방 여행'에 아주 충실하고 있고, 생각지도 못한 맛집이나 좋은 경치를 마주하면 기분이 아주아주 업~~ 된다. 이것이 여행의 재미 아닐까!!

초보 장애인을 위한 최적의 이동 수단은?
장단점 비교

① 휠체어 이용자를 위한 최적의 이동 수단은?

 애석하게도 고속버스는 전동휠체어를 타고 갈 연구도 해선 안 된다.!!

왜?? 리프트 고속버스가 없기 때문이다.

(여주시 장애인 탑승 리프트 버스)

언젠가 리프트 고속버스를, 시범운영을 마치면 바로 투입한다고 했는데 그 이후론 감감무소식이어서 기사를 찾아봤더니 낮은 탑승률(0.3%) 때문에 중단됐다고 한다. (리프트 고속버스란? 휠체어째 들어 올려 버스에 싣는 고속버스로 많은 선진국에서 운행 중이다. 출처; 중앙일보. 2023/9/8)

그럼, 기차는? 전동휠체어 이용자는 KTX를 타고 단체 여행은 꿈도 못 꾼다. 작년 봄에 묻고, 25년 5월 30일 코레일(1588-7788)에 재차 물어보았다. 전 객차는 8~18량이 연결되어 있고, 그중 휠체어 장애인석은 딸랑 2석으로 작년과 똑같다. 이러니 휠체어 장애인들이 함께 기차를 타고 여행을 가는 것은 애초에 포기해야 한다. 그런데도 어떤 분들은 "저상버스나 장애인 콜택시 등을 타고 가면 되지 않냐?"라고 말하기도 한다. 여주는 저상버스가 2~3년 전부터 늘어가는 것인지 자주 눈에 띈다.

문제는 장애인 콜택시의 경우 일정 거리는 기본료만 내면 (휠체어 이용자를 포함해) 3명까지 탈 수 있고, 원하는 출발지와 목적지까지 갈 수 있다.

그에 반해 저상버스는 각자의 요금을 내야 할 뿐 아니라 버스 시간과 몇 번을 타서 어디서 내릴 수 있는지를 미리 알아보아야 한다. 이용할 때 슬로프를 펼칠 수 있는 정류장을 미리 알아서 찾아 가야 하는 번거로움도 있다. (슬로프를 내릴 수 없는 정류장도 있다.) 또한, 버스 안에 지지봉이 너무 많아 휠체어가 움직이는 것도 쉽지 않다. 꼭 필요한 것 몇 개만 두고, 천장 손잡이를 달아 놓았으면 한다.

장애인 콜택시(이하 '장콜')도 여주시의 경우 경기도 광역 이동이 2024년 10월부터 시행하고 있다. 광역이 되면 좋긴 한데 평소 우려했던 일들이 실제가 돼 버렸다.

한 예로. 상담원이 이 지역을 알지 못하기에 시행 초기엔 목적지를 운전원에게 잘못 전송해서 엉뚱한 곳으로 간 일도 있다고 들어서 난 차량 탑승 시 '운 전 원에게 목적지를 먼저 물어본다.'

　'장콜'이 제일 편리하긴 하지만 차를 예약하고 대기 순번이 첫 번째임에도 어떨 땐 출발지 근방에 차가 있으면 준비도 안 됐는데 갑작스럽게 차가 잡힐 때도 있고, 어떨 땐 3~4시간 만에 오기도 했다. 그래서 광역 상담원에게 물었더니 "차량이 광역으로 나가서 관내 운행 차량이 2대밖에 없어서 그런다."라고 답할 뿐이었다. 이처럼 언제 올지 모르는 문제가 있다 보니 요즘은 차를 잡는 요령이 생겼고, 주말의 경우 차량 대수가 줄기 때문에 웬만하면 외출하지 않는다.

　이런 문제들이 있어서 현재, 여주는 휠체어 이용자는 유일한 이동 수단인 슬로프 차량을 (저상버스 제외) 이용하고, 걸을 수 있는 교통약자는 바우처택시로 배정하다 보니 시행 초기보다 훨씬 수월하게 차량을 이용하고 있다.

'장콜'을 타고 지방으로 갈 수 있다고 생각을 하신 분이 있었다.

그런데, 아니다. 여주시의 경우 경기도와 인근의 서울, 인천, 원주 정도를 갈 수 있고, 일반 택시처럼 내가 돈을 내면 여기저기 다닐 수 있는 것이 아니다. 출발지와 목적지만 있고, 경유지는 없다.

여주에서 출발해서 목적지인 서울 종로에 간다면 종로에서 내려주면 그만이다. 다시 여주로 돌아오려면 서울시의 '장콜'을 예약해야 하는데, 문제는 '언제 올지 모르는 장애인 콜택시를 3~6시간 넘게 무작정 기다렸다.'라고 들었다. 갑갑한 현실이다.

② 교통비 절약 및 할인 혜택 활용하기

지하철의 경우 역사의 화장실이나 엘리베이터 등이 설치되어 정말 편리하다. 그런데, 이마저도 누군가의 목숨값이다. (오이도역과 신대방역에서 리프트에서 추락하는 사고로 장애인들이 죽었다) '그들의 희생과 장애인단체(장애인차별철폐연대)의 투쟁사'로 수도권의 역사에 엘리베이터를 만들어 놓았고, 우린 너무도 편리하게 이용할 수 있음에 감사해야 할 것 같다.

지하철의 경우 장애인은 본인과 동반자 1인까지 할인받을 수 있다. 또한, 비행기나 KTX를 타고 여행을 가는 경우도 마찬가지다. 고속버스는 휠체어가 탈 수 있는 리프트 버스가 없기에 아예 이용할 수 없지만, 걸을 수 있는 장애인은 할인 등록장애인과 동반 1인까지 30% 할인이 적용되는 것으로 확인했지만 (네이버와 다음의 기사가 상반되기에) 꼭 확인하시길.

저상버스의 경우 장애인 할인 혜택은 이곳 여주엔 없다. (작년 여름 이후엔 이용해 보지 않아서 현재 상황은 모르겠다. 또한, 지자체마다 다를 수 있으니 확인 바란다.)

여행을 가게 되면 장애인이나 노약자 할인이 되는 곳이 많으므로 복지 카드나 신분증은 반드시 지참하길 바란다. (예; 용인 에버랜드, 함평 나비축제 등등)

1

194 내 안의 빛을 꺼내어 쓰다

에필로그

중증장애인들이 여행을 가려면 많은 장애물 때문에 엄두를 못 내며 살아가게 된다. 나 역시 같은 상황이었고, 가족이나 친구들과 함께 한번, 두 번 가다 보니 자연스럽게 여행을 즐기게 됐다. 지금은 나를 돕는 활지사님들(장애인활동지원사)과 여행을 계획하고, 내가 속한 기관 등에서 함께 갈 때도 있다.

일 년에 한 번 정도의 지방 나들이를 꿈꾸고, 지금은 그 꿈을 이루며 살아가고 있다. 올 4월에도 3박 4일 일정으로 전라도를 다녀왔다.

이 글이 중증 장애로 여행 계획조차 잡지 못하는 많은 장애인에게 용기를 주고 도움이 된다면 큰 보람이 될 것 같다. 나 역시도 여행에 관한 한 전문가가 아니기에 어디까지나 참고 자료로 활용했으면 한다.

또한, 나만의 전자책 '나, 휠체어 타고 여행 간다!!'를 5권의 시리즈로 나눠 중도 장애인이 된 후 '장애인을 바라보는 편협한 시각과 현실의 벽 넘기', '(중도 장애인이 된 후) 가족과 소통의 어려움', '(중도 장애인) 혼자만의 힘겨운 시간 그리고. 회복의 메시지', '장애인들에게 바라는 점', '장애인 여행 지원', '여행하며 돈과 시간 절약법', '여행 중 당황스러웠던 에피소드', '지역 추천 음식과 가 볼 만한 곳', '사회 고발' 등을 담고 있다.